L'auteur de cet ouvrage est M.* « Teissier, sous-préfet de Thionville, &c. » d'après l'envoi de l'exempl.** de M.* Van Praet.

Le même m.* G. F. Teissier est auteur d'une "histoire de Thionville". Metz, 1828. 8vo. de xj-494 p. (annoncée sur la couverture de sa Typogrie de Metz.)

ESSAI PHILOLOGIQUE

SUR LES COMMENCEMENS

DE

LA TYPOGRAPHIE

A METZ.

LABOR OMNIA VINCIT

ABRAHAM **FABERT**
Seigneur de Moulins Conseiller du Roy, Cheualier de son Ordre et Maistre-Escheuin de Metz

G. Ladame. del. et fecit

ESSAI PHILOLOGIQUE
SUR LES COMMENCEMENS
DE
LA TYPOGRAPHIE A METZ,
ET SUR
LES IMPRIMEURS DE CETTE VILLE;

Puisé dans les matériaux d'une

HISTOIRE
LITTÉRAIRE, BIOGRAPHIQUE ET BIBLIOGRAPHIQUE

DE METZ ET DE SA PROVINCE.

METZ,
CH. DOSQUET, IMPRIMEUR-ÉDITEUR.

PARIS,
TILLIARD FRÈRES, LIBRAIRES, RUE HAUTE-FEUILLE.

M DCCC XXVIII.

ESSAI PHILOLOGIQUE

SUR LES COMMENCEMENS

DE LA TYPOGRAPHIE

A METZ,

ET SUR LES IMPRIMEURS

DE CETTE VILLE.

1. L'histoire de Metz [1], écrite par de savans Bénédictins, sur la fin du règne de Louis XV, et dont le 6ᵉ volume a paru en 1790, a déjà vieilli, au jugement de la plupart des lecteurs de notre temps, non par le style, mais sous d'autres rapports essentiels, tels que la distribution des matières,

[1] Histoire de Metz, par des religieux Bénédictins, de la congrégation de S.ᵗ Vannes (Dom Jean François et Dom Nicolas Tabouillot), 6 vol. in-4°; savoir : 1 vol., 1769, imprimé à Nancy chez Claude-Sigisbert Lamort; 26 grav. de monumens, etc.; 3 cartes géog. IIᵉ et IIIᵉ vol., 1775, imprimés à Metz, chez Jean-Baptiste Collignon. Le texte de l'histoire finit à la page 368 du 3ᵉ vol. Le reste de ce vol. et les 3 suivans renferment les preuves; ce recueil d'actes est fait avec discernement : c'est là véritablement qu'il faut chercher l'histoire de Metz. IVᵉ vol., 1781, imprimé à Nancy, chez Hœner. Vᵉ vol., 1787,

le défaut de proportion entre telle et telle nature de recherches.

Cette histoire nous instruit minutieusement de faits, de circonstances qu'elle aurait pu négliger ou n'indiquer que d'un seul trait. Elle omet souvent, au contraire, ce qu'il eût fallu faire connaître aux Messins, les mœurs de leurs ancêtres, la naissance et les progrès de l'agriculture, de l'industrie et des arts.

Ces annales, rédigées par des hommes éclairés, animés du meilleur esprit et écrivant avec bonne foi, laissent dans une profonde obscurité plusieurs parties qui sont évidemment du domaine de l'histoire. Quoique n'étant pas dépourvues de critique, quoique supérieures à l'histoire de Lorraine, de Calmet [2], elles ne satisfont pas; elles ont lassé l'intrépidité de plus d'un lecteur.

imprimé à Metz, chez Claude Lamort, qui a imprimé aussi le VI.ᵉ vol. en 1790. Les pièces recueillies ne vont pas au-delà de 1545. Les évènemens de la révolution ont empêché l'impression des volumes suivans; les matériaux en sont détruits ou dispersés. Le travail de la réunion des preuves est dû à Dom Tabouillot, que les hommes instruits de Metz s'empressèrent de seconder. Parmi eux on doit citer sur-tout M. Emmery, alors avocat; M. Guelle, notaire, mort en 1806; M. Dupré de Geneste, qui fut long-temps secrétaire perpétuel de l'Académie de Metz.

[2] Dom Augustin Calmet. Histoire de Lorraine. Nancy, Ant. Leseure; 7 vol. in-folio; figures et cartes; 1745—57.

2. On veut connaître aujourd'hui l'origine des découvertes dont nous jouissons. Fût-on borné à deux cents pages pour un précis sur Metz, quelque rapide qu'en fût le tableau, on n'omettrait point d'y fixer l'époque à laquelle fut introduit l'art de Guttemberg et de Schœffer, cet art dont l'histoire tient si étroitement à celle des progrès de l'esprit humain et de la civilisation. Malgré l'étendue du cadre que les savans Tabouillot et Jean François s'étaient tracé, il ne leur est pas resté la moindre place pour le berceau de la typographie messine; nul détail, nulle annotation même ne s'y rattachent. Dès la première édition de son abrégé chronologique, le président Hénault, dans son étroit volume, n'avait pas commis une semblable omission : « C'est sous le règne de « Charles VII, dit-il, vers l'an 1440, que l'on « découvrit en Allemagne l'art de l'imprimerie. « Jean Guttemberg, aidé de Jean Fauste et de « Pierre Schœffer, après plusieurs essais, parvint, « vers l'an 1450, à imprimer des ouvrages en-« tiers. »

3. Le silence de nos historiens m'ayant frappé, j'ai recueilli, pour ma propre instruction, des notes qui pussent y suppléer; pour justifier, au besoin, mes observations, j'ai réuni des livres qui sont les premiers monumens typographiques de Metz. Je soumets aujourd'hui ces notes au

jugement des nombreux amateurs des recherches philologiques. Plus tard, un autre partant du point où je me suis arrêté jugera peut-être à propos de compléter, sur un plan plus étendu, un travail dont celui-ci paraîtra alors l'ébauche.

La Société académique des lettres, sciences et arts de Metz, qui a donné à ses travaux une si utile et si honorable direction, a demandé à ses membres, aux hommes qui se livrent aux recherches historiques et littéraires, « le tableau de l'état « des sciences et des arts dans le pays messin, « depuis le 12º siècle jusqu'au 16º inclusivement, « établi d'après les monumens et les faits tirés de « l'histoire et des chroniques. » Cette monographie entre dans les vues de la société ; c'est une portion de ce tableau.

XVᴱ SIÈCLE.

4. La typographie était-elle en usage à Metz avant 1500 ? La réponse à cette question est dans une foule de bibliographes anciens et modernes [3]. « L'imprimerie, disent-ils, fut portée à Metz, en « 1471, par Adam Rot; il y imprima jusqu'en « 1475; on prétend que c'est lui qui introduisit « dans l'imprimerie l'usage des diphtongues. » Voilà ce que l'on trouve partout; il y a bien peu à conserver dans cette citation. Je reviendrai à Adam Rot, qui appartient à l'évêché de Metz par sa naissance.

5. Lorsque M. La Serna de Santander [4] publia, il y a vingt ans, son dictionnaire bibliographique, je m'étonnai que Metz ne fût pas cité au nombre des villes où l'on imprimait dans le 15ᵉ siècle; néanmoins il porte dans un tableau synoptique 204 villes, bourgs et monastères qui sont dans cette catégorie. La preuve négative résultant de son silence ne pouvait être d'aucun poids pour

---

[3] Gabriel Peignot. Dict. raisonné de bibliologie. Paris, 1802—04; 3 vol. in-8°. — Ant.-Franç. Delandine. Mémoires bibliog. et littéraires. Lyon, 1 vol. in-8°. — etc.

[4] La Serna de Santander (Charles-Antoine). Dictionnaire bibliographique choisi du 15ᵉ siècle. Bruxelles, 1805—07; 3 vol. in-8°. Il est mort en novembre 1813.

moi; dès-lors j'avais sous les yeux un volume qui était un témoignage matériel contre l'erreur commise par Santander : peu d'années après, un libraire instruit de la capitale la fit remarquer [5].

Santander, pour aller au-devant du reproche des omissions, annonce [6] que le choix qu'il a fait est tel, qu'il peut assurer que les éditions dont il n'est pas fait mention dans son dictionnaire ne doivent être considérées que comme des livres très-ordinaires et d'un prix à peu près égal à celui de leur reliure. J'accorde volontiers ce point; mais je fais observer qu'il n'est pas question de l'omission de tel ou tel livre à ajouter aux quinze cents ouvrages cités par Santander et signalés par lui comme les plus précieux monumens de la typographie naissante : il s'agit de l'oubli d'une ville riche et puissante alors, se gouvernant par ses propres lois, et protégeant, quoiqu'en ait dit son ennemi Agrippa de Nettesheym, les hommes livrés à la culture des lettres.

Dans son catalogue, Santander cite nombre de villes, en ne désignant qu'un seul imprimeur, un seul volume publié avant 1500 [7]. Pourquoi

---

[5] J.-Charles Brunet. Catalogue des livres rares, précieux et bien conditionnés du cabinet de M*** (M. le comte d'Ourches, de Nancy). Paris, Crapelet; 1 vol. in-8°.

[6] Tome 1, avertiss., p. IV.

[7] A Tours, Santander ne cite du premier imprimeur,

a-t-il omis Metz? Ainsi que Debure, Maittaire [8] et Panzer [9], MM. Delandine, Achard, et nombre d'autres, le bibliographe bruxellois a reculé après 1500 l'introduction de la typographie à Metz.

JEAN COLINI ET GERARD DE VILLENEUVE.

1482.

6. Les premiers imprimeurs connus de Metz sont le frère Jean Colini [10], de l'ordre des Carmes, et Gérard de Villeneuve (*de nova civitate*).

La date du premier ouvrage connu, imprimé par eux en société, est de 1482. Cet ouvrage existe à la bibliothèque publique de la ville de Metz, aujourd'hui confiée aux soins de M. Holandre; il

---

Mathias Latteron, qu'un seul volume, la Vie et les Miracles de saint Martin, 1496. A Perpignan, il indique le Bréviaire de l'église d'Elne, imprimé in-8°, en 1500, par Jean Rosembach.

[8] Mich. Maittaire. Annales typog., etc.

[9] Georg.-Wolfgang Panzer. Annales typog. Norimbergæ, 1793—1803; 11 vol. in-4°.

[10] Le nom de Colini est messin : un Jehan Coligny ou Coligney était échevin de Saint-Eucaire en 1474; maître François Coligny était Procureur à Metz en 1512. En 1522, Charlequint usant à Metz de son droit de joyeux avènement, nomma François Colligny chanoine de la cathédrale.

ne renferme que le premier livre de l'Imitation de J.-C., attribuée à Thomas à Kempis.

Ce précieux écrit avait déjà été imprimé en entier à Augsbourg, chez Günther Zainer de Reutlingen, sans date (vers 1471): l'édition messine est la première qui porte une date.

Voici la description de cette édition; le volume est sous nos yeux:

Le recto du 1ᵉʳ feuillet est blanc.

Le verso contient la table des chapitres.

Capitula sequētis libelli scām ordinem.   Capl'm primū

De imitacōne xpi. et 3tēptu ōim vanitatū mūdi

(*Suivent les titres des 24 chapitres suivans, en autant de lignes.*)

Le titre de l'ouvrage est au recto du 2ᵉ feuillet.

Incipiūt ammonicōnes ad spi ritualē uitā utiles   Ca. primū.

Le volume est un très-petit in-4°, à longues lignes, sans chiffres, signatures ni réclames; on le prendrait pour un in-8°, sans la direction horizontale des pontuseaux; les pages entières ont 29 lignes; les majuscules des commencemens des chapitres sont laissées en blanc.

L'ouvrage se termine au recto du 24ᵉ feuillet par ces mots :

> ℂ Expliciut amonicōnes ad spiritualem vitam vtiles.
> ℂ Impresse in citate Metensi per fratrem Iohannē Colini. Ordinis fratrum Carmelitarum. Et gerhardum de noua citate. Anno domini Mille°. CCCC° lxxxij ⋮ ⋮ ⋮ ⋮

7. A cet exemplaire des *Ammonicōnes* est réuni un autre traité qui n'est pas sans intérêt pour nous, puisqu'il paraît être imprimé avec les mêmes caractères. Ce second ouvrage, intitulé *Speculum aureum animæ peccatricis*, n'a aucun rapport avec le premier livre de l'Imitation de J.-C.; il n'a été compris sous la même reliure que pour donner au volume une épaisseur suffisante.

Voici la description du *Speculum* :

Comme au premier ouvrage, le recto du 1ᵉʳ feuillet est blanc; la table des chapitres est au verso; suit le titre au recto du 2ᵉ feuillet.

> Opusculū qd speculū aureum aīe peccatcis iscribit : icipit felicit.

En tout trente-six feuillets; le dernier entièrement blanc. L'ouvrage est imprimé à longues lignes, du même format que l'autre, et comme lui sans chiffres, signatures ni réclames.

La page du *Speculum* diffère dans le nombre des lignes de celle des *Ammonicōnes* ; elle n'en a que vingt-huit.

Au verso du 35ᵉ feuillet on lit :

☾ Speculum aureum anime peccatricis, a quodam cartusiense editū : finit feliciter. Impressum Anno domini Millesimo. cccc lxxxij. xix. Augusti.

sans noms de ville ni d'imprimeur.

En comparant avec soin ces deux ouvrages, on reconnaît une identité palpable dans les mêmes lettres, les mêmes mots. Dans l'un et dans l'autre, l'inégalité des caractères, le peu de régularité des alignemens accusent les ouvriers de peu d'expérience, et dénotent un art encore au berceau. Cependant je ne puis garantir, malgré l'emploi des mêmes caractères, que le *Speculum* sorte des presses de Jean Colini et de son compagnon.

Pourquoi le *Speculum* ne porte-t-il pas de nom de ville ni d'imprimeur ? C'est, peut-on répondre, parce que, dès l'origine, le *Speculum* a été destiné à rester accolé au premier livre de l'Imitation, et que cette réunion a fait juger superflu d'indiquer à la fin du *Speculum* les imprimeurs et la ville, puisque déjà on les avait nommés.

Le *quidam cartusiensis* est Denis le Chartreux, surnommé de Rickel, du lieu de sa naissance, ou de Leeuwis.

8. Jean Colini était carme : on ne doit pas s'étonner de voir un religieux se livrer à la typographie, et allier avec cette honorable profession les devoirs monastiques. A Lyon, Julien Macho, imprimeur contemporain de Jean Colini, prend la qualité de religieux de l'ordre de Saint-Augustin de *Lyon-sur-le-Rosne;* à Rostock, dans le Mecklembourg, c'est une communauté entière qui fait paraître en son nom un *Lactance* complet : *Per fratres presbyteros et clericos congregationis domus viridis horti ad S. Michaëlem.* 1476. A Saint-Nicolas, près de Nancy, le premier imprimeur fut Pierre Jacoby, curé du lieu, en 1508.

9. M. Brunet fait mention des *Ammonicōnes* dans la 3ᵉ édition de son Manuel du libraire et de l'amateur de livres.

D'après la date certaine et non contestée de ce livre, Metz est placé parmi les dix premières villes de France où l'art typographique a été pratiqué; je ne reconnais antérieurement que

Strasbourg..... Jacques Mentel................... 1465.

Paris [11]...	Martin Crantz, Ulrich Gering et Michel Friburger, associés.	1470.
Lyon...	Barthelemy Buyer...	1476.
Angers...	Jean de la Tour (*de Turre*) et Jean Morelli, associés...	1476.
Chablis...	Pierre Lerouge...	1478.
Toulouse...		1480.
Poitiers...	Jean Bouyer... et Guill. Bouchet?	1479.
Caen...	Jacques Durandus et Gilles Quejoue...	1480.
Vienne...	Pierre Schenck?...	1481.

[11] « Peu de temps après (l'établissement de Crantz, « Gering et Friburger, à Paris), dit Lambinet, on vit « leur art établi à Rouen, Lyon, Langres, Abbeville, « Toulouse, Angers, Angoulême, Bourges, Provins, « Nancy, etc. » (Origine de l'imprimerie, tome I. 284.) Cette nomenclature semble faite au hasard. Plusieurs de ces villes ne doivent être citées qu'après Metz.

Une autre nomenclature également incorrecte vient de paraître dans le Traité de la Typographie, de M. Henri Fournier (Paris, 1825, in-8°), imprimé par lui-même. Cet imprimeur donne (page xxv de l'avertissement) la liste des imprimeurs qui s'établirent en France dans les trente dernières années du 15ᵉ siècle, et les noms des villes où ils exercèrent leur industrie; Metz est omis, et l'on ne peut en faire pour M. Fournier un sujet de critique, puisque c'était une tradition constante parmi les bibliographes. Mais comment a-t-il oublié Haguenau, Dôle et Tréguier? Comment a-t-il placé Bois-le-Duc parmi les villes de France? En outre, les noms de plusieurs imprimeurs sont indiqués inexactement; à Angers,

ADAM ROT.

10. Maître Adam Rot, qui prend dans les ouvrages sortis de ses presses le titre de clerc du diocèse de Metz, n'a jamais exercé son art à Metz, quoique en aient dit nombre de bibliographes.

Sorti de cette ville ou au moins du pays messin, c'est à Rome qu'il porta une industrie née près de son pays natal, et que peut-être il avait puisée à l'école de Fust et de Schœffer; il fut l'émule de Conrad Sweynheym et d'Arnold Pannartz, qui sortaient des ateliers de Mayence, et dont la célébrité surpassa la sienne.

Le titre de *clericus diœcesis Metensis* n'indique pas qu'il ait été prêtre; Schœffer s'est donné dans plusieurs livres la même qualité, et l'on sait qu'il était marié à la fille de Jean Fust.

M. Henri Fournier cite Jean de Jarre pour Jean de La Tour ou *de Turre*; à Rouen, Le Tailleur pour Le Talleur; à Besançon, Jean Comtel pour Comtet; à Orléans, Vivan pour Vivian. M. Fournier annonce la liste des imprimeurs qui s'établirent en France de 1470 à 1500, et cette nomenclature devrait être fort étendue; néanmoins il ne désigne qu'un ou deux noms par ville. Barthelemy Buyer a-t-il donc été à Lyon le seul imprimeur durant ce laps de temps? Cette excursion bibliographique de M. Henri Fournier est peu utile dans un ouvrage qui traite essentiellement de la typographie sous le rapport didactique.

Par la qualité de clerc on entendait un homme lettré; un imprimeur tenait à honneur de la prendre et de la mériter [12].

Il nous reste des ouvrages imprimés à Rome [13] par le messin Adam Rot en 1471, 1472 et 1474; puis son nom disparaît d'entre ceux des vingt typographes qui habitaient alors cette grande cité. L'exercice d'un art si utile entraîna-t-il donc sa ruine? On pourrait le croire, en se rappelant une anecdote concernant les célèbres Sweynheym et Pannartz. Ils furent obligés de recourir au pape Sixte IV, pour solliciter des secours, à cause du peu de débit de leurs livres et des avances immenses qu'ils avaient été obligés de faire. Dans l'espace de sept ans, leurs presses avaient mis au jour douze mille quatre cent soixante-quinze vo-

---

[12] Dict. étym. de Ménage. Edition de Jault, 1750, au mot *Clergie*. — Diplomatique pratique, de Lemoine. Metz, Jos. Antoine; in-4°, 1765, page 334.

[13] Dominici de S.° Geminiano lectura super secundā partē libri sexti decretalium. 1471. — Augustini Dati Elegantiolæ; in-4°, vers 1471. (Debure, Bibl. instr., T. 1, page 53). — Dynus (Dino) de Regulis Juris. 1472. — Oldradi de Ponte Laudensi consilia. 1472. — Dans ce dernier ouvrage, Rot ajoute à son nom *Metensis diœcesis*, sans la qualité de *clericus*. — Debure attribue à Adam Rot une édition de Virgile, 1471. « Editio præstans et magni « pretii, absque ulla loci indicatione, sed procul dubio « per Adam Rot, edita Romæ, anno 1471, in-f°. »

lumes des meilleurs écrivains de l'antiquité, et néanmoins leur fortune était compromise. D'après le témoignage de l'historien de Thou, le fameux Christophe Plantin, malgré de colossales entreprises et de grands succès, ne fut-il pas embarrassé dans ses affaires? Adam Rot a pu éprouver la même destinée; il quitta Rome, sans doute parce qu'il ne put résister à la concurrence de tant d'établissemens typographiques. Il ne semble pas que son nom reparaisse ailleurs. On trouve bien, à Venise, un imprimeur portant le seul nom d'Adam; mais c'est en 1471 que paraît le Lactance publié par lui. Adam Rot était alors à Rome.

11. Nous n'avons pas plus de renseignemens sur la postérité d'Adam Rot que sur le lieu de sa retraite après son départ de Rome. Serait-il dénué de fondement de reconnaître après lui une suite d'imprimeurs lui appartenant par les liens du sang, quand on trouve dans le même temps, ou peu après, tant de typographes du même nom? Rot ou Roth, en allemand, signifie Rouge, Roux; en latin, Rubeus; en italien, Rosso, Rossi.

Berthold Rodt passe pour le premier imprimeur de Bâle.

Sigismond Rodt imprima à Sienne et à Pescia; son *Florus* est de 148 .

Jacobus Rubeus ou de Rubeis imprimait à Venise en 1472; il y revint en 1480, après avoir passé une année à Pignerol. Dans plusieurs de ses éditions, il se dit *ex Rubeorum familia*, de la famille des *Roth*; ainsi donc il y avait plusieurs imprimeurs du nom de Roth, *Rubeus*, liés par la consanguinité.

Johannes Rubeus imprimait à Trévise en 1480, et à Venise, de 1486 à 1500.

Johannes Roscius était à Venise en même temps que le précédent, avec lequel il doit peut-être être confondu, malgré l'altération du nom. Ces variations sont fort communes dans les éditions du 15e siècle. Pierre Schœffer écrit son propre nom de plusieurs manières (Petrus Schoiffer de Gernsheym, Schoiffher, Schoifher, Schoyffer, etc.; ailleurs, Petrus Gernzheym).

La famille des *Rubeus* abondait à Venise; Albertius Rubeus et Johannes Rubeus frères y imprimaient vers 1499; en même temps s'y trouvaient Alovisius de Rubeis et Franciscus de Rubeis, associés et probablement frères.

Laurent de Rubeis (Rossi), de Valentia, imprima à Ferrare de 1485 à 1500.

Enfin le nom de Roth s'établit en France; Pierre Le Rouge imprime à Chablis [14] en 1478, puis paraît à Paris dans la foule des typographes: on l'y trouve en 1487.

[14] Chablis. Biog. univ. XVIII. 287. Article de Jacques Legrand.

En 1492, Guillaume Le Rouge imprime à Troyes, pour premier essai, le Bréviaire du diocèse; avant 1500, Nicolas Le Rouge, de Troyes, « demourant en la grānt rue, à l'enseigne de « Venize, » publia une édition de la Danse macabre des hommes et des femmes; en 1530, un Le Rouge, de la même ville, publie une édition de la Toison-d'or, de Guillaume Pillastre, évêque de Tournay.

A Dieu ne plaise que je propose de croire que tous ces Rot, Rubeus, Le Rouge, ont le messin Adam Rot pour souche commune? Mais je ne crois pas qu'il y ait supposition gratuite à conclure que plusieurs d'entr'eux lui appartiennent. Il serait plus difficile de penser que cette homonymie de tant d'hommes exerçant la même profession est l'effet du hasard et ne concerne que des individus tout à fait étrangers les uns aux autres.

On peut prouver, par de nombreux exemples, qu'aucune profession n'a, comme la typographie, captivé des familles entières, des générations successives [15]; on connait 15 Etienne, 12 Elzevier, trois générations d'Aldes. A Metz, n'avons-nous pas eu 8 Antoine? Les Detournes ou Tornæsius, de Lyon, ont été imprimeurs pendant 250 ans.

[15] Adr. Baillet. Jugement des principaux imprimeurs, etc.—Tome I de l'édition de 1722; 8 vol. in-4°.

A l'égard de l'altération du nom, des exemples non moins nombreux prouvent que lorsqu'une famille d'imprimeurs changeait de pays, elle prenait la terminaison habituelle de la langue de sa nouvelle patrie, ou bien traduisait entièrement son nom; c'est ainsi que le nom des Gryphe, fameux imprimeurs des 15e et 16e siècles, originaires de Reutlingen, en Souabe, a été altéré : on les voit, suivant les lieux et les temps, s'appeler Greyff, Greyffen, Gryff, Greiff, Gryphius, Griffio, etc. [16]

Le nom de Rot ou Roth, encore connu maintenant dans le département de la Moselle, a donc pu être changé en ceux de Le Rouge, de Rubeus, Rossi, de Rubeis.

12. Les bibliographes, en citant Adam Rot, s'accordent à dire que « l'on prétend qu'il introduisit dans l'imprimerie l'usage des diphtongues. » Je voudrais que ce fait fût vérifié et constaté; mais il ne peut l'être que par un observateur ayant sous les yeux de nombreux objets de comparaison.

Au lieu des diphtongues æ œ, on mettait l'e simple (impresse pour impressæ, comedie pour comœdiæ); ou bien ae, oe, en séparant les deux lettres, quoiqu'elles ne fissent qu'un son.

---

[16] Biog. univ. XVIII. 573. — Les articles de la famille Gryphe sont de M. Beuchot.

JEAN MAGDALÈNE. — 1498.

13. Jean Magdalène a été signalé plusieurs fois comme le premier imprimeur de Metz; c'est par lui et en citant l'ouvrage où se trouve son nom, que l'on a cherché à classer Metz au nombre des villes où la typographie a devancé l'an 1500.

Le célèbre Paul Ferry [17], dans ses *Observations séculaires*, le considère comme imprimeur. Il en est de même de M. Lançon [18], Maître-Échevin de

---

[17] Paul Ferry, né et mort à Metz. Il a donné le nom d'*Observations séculaires* à un immense recueil de remarques, d'extraits, de faits historiques et littéraires, d'actes publics, copié entièrement de sa propre main, et d'après lequel ce célèbre ministre se proposait d'écrire l'histoire civile et ecclésiastique de sa patrie, en réfutant les écrits de Martin Meurisse. Ce projet n'a pas été exécuté: les matériaux n'en ont pas été perdus; mais seront-ils jamais mis en œuvre? Ce précieux manuscrit autographe, en 3 énormes volumes in-folio, est à moi depuis 1806. Il en est fait mention dans nombre d'ouvrages, notamment dans le Mélange critique de littérature d'Ancillon, tome II, page 271; dans les Dictionn. de Bayle et de Moréri; dans la Bibl. Lorr. de Calmet, p. 364; dans la grande Histoire de Metz, etc. C'est le n° 38789 de la dernière édition de la Biblioth. historique de la France, du Père Lelong et de Fevret de Fontette.

[18] M. Lançon (Nicolas-François), né à Metz, le 17 mars 1694, et mort dans cette ville le 6 mars 1767, étant Maître-Échevin depuis 1758. M. Bardou Duhamel

— 20 —

Metz, qui a fait une liste des imprimeurs de cette ville, et qui place Jean Magdalène à leur tête : cette opinion est rapportée par M. Emmery, sans contradiction [19]; en 1824, elle a été répétée à Metz dans un discours académique. Quelque confiance que m'inspirent à tous autres égards de pareils témoignages, je ne vois qu'un libraire dans Jean Magdalène. Le livre que l'on considère comme sortant de ses presses porte pour souscription, au recto du dernier feuillet :

Ces présentes heures a lusage de Metz furent acheuees Le viii. iour de nouembre Lan mil CCCC. iiii. xx. et xviii. Pour maistre Jehan magdalene demourant ala dicte ville de Metz.

est auteur d'un mémoire historique sur M. Lançon (1779, in-16, 27 pages, sans nom d'auteur, de ville ni d'imprimeur). On peut consulter aussi, sur ce respectable et savant magistrat, l'Epitre dédicatoire des antiquités de Metz, de Dom Cajot (Metz, Collignon. 1760 ; in-8°), et l'Histoire de Metz, tome III, page 356.

[19] Recueil des édits, déclarations, etc., enregistrés au Parlement de Metz (5 vol. in-4°); par M. Emmery, avocat au parlement, mort pair de France, le 15 juillet 1823. Tome II, page 528. — L'éloge de M. le comte Emmery a été prononcé à la Société académique de Metz, par M. Victor Renault, aujourd'hui Président de cette Société.

L'expression *pour Jehan Magdalene* [20], à laquelle on n'a pas fait assez d'attention, ne laisse, à mon avis, aucun doute qu'il ne soit l'éditeur et non l'imprimeur du livre. C'est toujours en ce sens qu'elle a été employée.

Jean Magdalène n'est donc inscrit dans ce mémoire que pour ne plus être compté dans la liste de nos premiers typographes.

14. Les heures qu'il a fait imprimer sont curieuses par ce qu'elles renferment et sont remarquables par leur belle exécution. Mon exemplaire a appartenu à Paul Ferry, qui y a joint quelques notes. En quelque lieu qu'il ait été imprimé, ce livre appartient à l'histoire de Metz, et c'est à cette histoire que cet écrit se rattache dans ses moindres détails.

Voici la description de nos Heures messines : in-8°. — Goth. — Signatures de ai à p2. — 108 feuillets. — Sans pagination. — 26 lignes à la page.

---

[20] Cette formule se trouve dans une foule d'ouvrages des 15ᵉ et 16ᵉ siècles. Je ne citerai pour preuve que des exemples puisés dans les diverses éditions d'une compilation fort connue : *La Mer des Histoires*.

1° — 1488. 2 vol. in-folio, imprimés à Paris pour Vincent Commin, par maistre Pierre Lerouge.

2° — Sans date. 2 vol. in-folio, pour Antoine Verard.

3° — 1536. 2 vol. in-folio, à Paris, par Nicolas Cousteau, pour Galliot Dupré.

Chaque page avec encadrement gravé en bois, représentant, 1° à la face intérieure et en haut, des ornemens, des fleurs, des oiseaux, des demi-fleurs de lys, etc.; 2° à la face extérieure et au bas du rectangle, des sujets historiques, des animaux, des diables, enfin des figures fort variées et souvent très-bizarres; 18 gravures occupant tout l'intérieur de l'encadrement.

Au commencement de chaque office ou prière, et même à chaque ligne de litanie, la lettre initiale est restée en blanc, pour être tracée ou peinte à la main par le calligraphe, avec le secours de la plume ou du pinceau.

Le calendrier est en latin; chaque mois est suivi d'un quatrain en français, puis de quelques préceptes d'hygiène, en latin.

En voici un exemple pris dans le mois de juillet :

Saige doit estre ou ne sera iamais
Lhomme quant il a quarãte six ans
Lors la beaulte decline desormais
Cõme en iuillet toutes fleurs sont passans

Qui vult solamen iulio phat hoc medicamen. Venam non scindat nec ventrẽ polio ledat. Sõnum cõpescat et balnea cuncta pa uescat. Prodest recens unda allium cũ sal uia munda.

15. De quelles presses sortent les Heures imprimées pour Jean Magdalène? Ne serait-ce pas l'ouvrage de Simon Vostre, imprimeur de Paris, qui alors a publié nombre d'ouvrages liturgiques du même genre, à l'usage des diocèses d'Amiens et de Chartres, en 1502; de Poitiers, en 1506, et même de Metz, en 1507, le tout en caractères gothiques et avec des gravures [21]? Il est probable que si je pouvais rapprocher de l'un de ces livres d'heures celui de Jean Magdalène, je reconnaîtrais entr'eux une source commune; mais éloigné, au moment de la publication de cet essai, des grands dépôts littéraires, toute comparaison de ce genre m'est impossible.

16. Je ne transcrirai des Heures de 1498 que la prière du soir et du matin, en langue française. Metz appartenait alors à l'empire germanique; le peuple y priait en français; il avait peine à se considérer comme étranger à l'égard de cette France dont Metz avait fait partie si long-temps, et à laquelle il revint pour jamais en 1551.

Mon benoist dieu ie croy de cueur et confesse de bouche tout ce que saicte eglise croit et tient de uo⁹

---

[21] Simon Vostre a imprimé aussi des Heures à l'usage de Rome. Le Catalogue de Maccarthy (in-8.°, 1815) en comprend plusieurs éditions: sans date, 1488, 1496, 1498, 1506.

et que ung bon catholicque doit de uous sentir et croyre et pteste cy deuant uostre maieste q̄ ie uueil uiure et mourir en ceste foy et y pseuerer toute ma uie et uous recōgnois mō dieu createur de tout le monde. Et moy uostre poure creature subiecte et seruante uous fays la foy et hōmaige de mō corps et de mō ame que ie tiens de uo⁹ noblemēt ainsi cōme de mon souuerain seigneur auec tous les biēs naturelz, spirituelz, et tēporelz que iay q̄ oncques ieuz et q̄ iatens auoir de uous en ce mōde cy et en lautre. Et de tout mō cueur uous en loue et remercye. Et en signe de recōgnoissance uous paye de ce petit tribut au matin et au soir. cest que ie uo⁹ adore de cueur et de bouche en foy, en espāce, et en charite de ceste petite orayson qui tant seulement appartient a uostre benoiste maieste seigneurie et diuinité. Et uo⁹ requiers trois choses. La premiere est misericorde de tant de maulz et uilains pechez q̄ iay faitz et cōmis le temps passe contre uostre uoulente. La secōde est ql uous plaise me donner grace que ie uo⁹ puisse seruir et acōplir uoz cōmādemens sans encourir ne enchoir en peche mortel. La tierce est que ala mort et a mon grant besoing me uueilliez secourir et donner grace que ie puisse auoir souuenance de uostre benoicte passion et auoir cōtrition de mes pechez et que ie puisse mourir en uostre saincte foy : et finablemēt paruenir a la gloire eternelle auec tous les sainctz et sainctez de paradis. Amen.

(La litographie ci-jointe présente un *Fac simile* exact de nos Heures.)

et assumptionis beate marie virginis gaudia recolendo letificas concede nobis sic eis laudibus digne insistere Et eam in omni necessitate et angustia precipue in hora mortis assistentem et auxiliatricem sentiamus et tecum post mortem per ipsam et cum ipsa gaudere mereamur in celis. Per dñm.

Servitium horarum beatissime virginis marie secundum vsum ecclesie Meteñ. incipit feliciter.

Sancta maria piissima domina deprecare pro nobis Vt mereamur benignissimo filio tuo domino nostro iesu cristo et tibi reddere hostiam laudis.

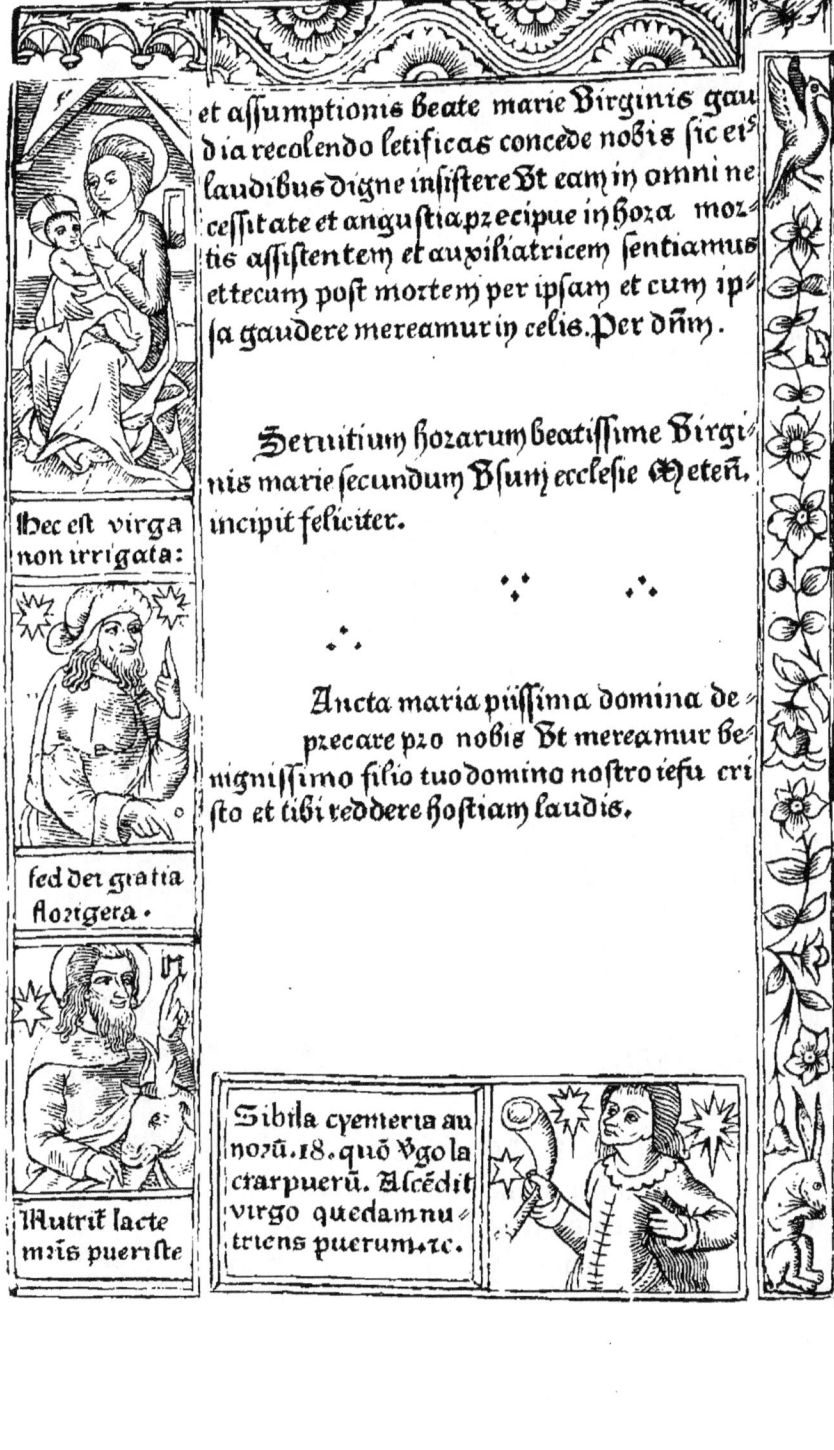

Hec est virga non irrigata:

sed dei gratia florigera.

Nutrit lacte m̃ris pueri ste

Sibila cymeria annorū.18. quō Vgo lactarpuerū. Ascédit virgo quedam nutriens puerum. etc.

XVIᴱ SIÈCLE.

1511.

𝕮 Pronoſtication Nouelle pour Lan Mil. V. cens et XI. carculee au vray midy d la Noble Cite d Mets.

17. Ce livret n'a que huit feuillets in-8°; il n'a ni nom d'imprimeur, ni indication de ville; il est sans chiffres, réclames ni signatures, quoique leur usage fût adopté depuis long-temps.

Cette espèce d'almanach est dépourvu de calendrier; à l'ineptie des prédictions, on peut assurer que c'est de l'auteur même que Mathieu Laensberg a reçu ses inspirations prophétiques. On prédisait dès-lors que « Januier pour son commencement « serait froit et humide, et apres serait encor froit « auec gellee : que feurier aussy donrait froidure « et humidité, comme neige pluye et gresil, etc. »

HOCHFEDER (Gaspard). — 1514.

18. Gaspard Hochfeder figure parmi les imprimeurs de Nuremberg, ville où la typographie s'exerçait déjà en 1470; on a plusieurs ouvrages publiés

par lui à dater de 1471[22]. Il donna, en 1491, la 1re édition des OEuvres de Saint Anselme, archevêque de Cantorbéry [23]. Cet imprimeur quitta, comme tant d'autres, son premier établissement et chercha fortune ailleurs. On retrouve les mêmes nom et prénom à Metz, et c'est probablement le même individu qui y a publié les ouvrages suivans :

1514.

Medulla gestorum Trevirensium seu extractum chronicorum Trevirensium cujus author est Johannes Enenius, episcopus azotensis, Richardi Trevirensis electoris suffraganeus, summæ ædis Trevirensis ecclesiastes.

Metis, sumptibus Mathiæ Häne, Bibliopolæ Trevirensis, apud Casparum Hochfeder, permissione et concessione archiepiscopi Trevirensis.

In-4°. — Goth. [24]

L'ouvrage de Jean Enen a été composé en allemand : la traduction latine publiée à Metz est de Jean Scheckmann, moine de Saint-Maximin de Trèves.

[22] La Serna. I. 233.

[23] David Clément. — Bibl. curieuse, etc. I. 357.

[24] Calmet. Bibl. Lorr., page 814. Suppl., page 157. — Zyllesii defensio abbatiæ imperialis S. Maximini. Parte II. Cap. I. Sect. I. §. I. (Coloniæ. 1648. In-folio. Ed. IIa.)

1516.

Cy est le cheualier aux dames
De grant leaultez et prudence
Qui pour les garder de tous blasmes
Fait grant prouesse et grant vaillance.

Imprime a Mets par maistre Gaspard Hochfeder la uigile de Saincte Agathe l'an mil v. c. et xvj.

Petit in-4°. — Goth. ; avec fig.

Les gravures portent le nom de François Oudet.

Ce poème fort singulier et en forme de songe est une critique du roman de la Rose [25]. Le Chevalier aux Dames, fidèle à son titre, est l'apologiste zélé du beau sexe.

Voici la fin du poème :

Se la matiere est belle et bonne,
Je n'en desire los, ne pris ;
Et s'il y a riens qui mal sonne,
Il me déplaist d'auoir mespris ;
Mais moy qui cestuy liure escripts
Ne fus qu'au ueoir destiné,
Et mets partout en mes escripts
Le nom du Dolant fortuné.

Le nom de l'auteur est resté inconnu.

[25] L'abbé Goujet. Bibl. française. Tome X, Pages 139 à 149. — 433.

19. C'est à l'époque où Gaspard Hochfeder imprimait à Metz, que le célèbre Henri-Corneille Agrippa de Nettesheym exerçait l'emploi de syndic et d'orateur de cette ville. Comment se fait-il, peut-on faire observer, qu'aucun de ses nombreux écrits ne soient sortis des presses messines? Y avait-il donc disette d'imprimeurs ou obstacle à la publication des ouvrages d'Agrippa?

Non; mais le séjour de ce turbulent et caustique philosophe ne fut à Metz que de peu de durée. Devancé par une grande renommée, il y fut appelé en 1518 [26]; malgré de véritables talens et une entraînante éloquence, il en fut bientôt chassé pour la hardiesse de ses discours et à cause de son penchant pour l'astrologie. Cette expulsion eut lieu en 1520, et ce ne fut que plusieurs années après que parut la 1re édition du fameux ouvrage : *De incertitudine et vanitate scientiarum declamatio invectiva*, si souvent réimprimé, et qu'une décision de la faculté de théologie de Paris, du 2 mars 1531, condamna à être brûlé [27].

[26] Ant. Teissier. Éloge des hommes savans..... etc. Edit. de 1715, tome III, pages 437 à 447.

[27] David Clément. Biblioth. curieuse. I. Pag. 82.

MAITRE JACQUES. — 1525.

20. Le fameux imprimeur Etienne Dolet périt à Paris, en 1548, par le supplice du feu, « sans « qu'on sache bien clairement, dit un biographe [28], « si le crime qui motiva cet arrêt terrible tenait « aux nouvelles opinions ou à l'athéisme. »

Maître Jacques, libraire et imprimeur, natif de Metz, l'échappa belle dans cette ville en 1525, et pensa éprouver le sort de Dolet; impliqué dans l'accusation de bris d'images portée contre Jean Leclerc, Maître Jacques sauva ses jours, mais il perdit ses oreilles. [29] « Jacques ayant été attaché « au carquant de la chuppe [30], c'est-à-dire d'une

---

[28] M. l'abbé Pataud, d'Orléans, mort le 23 mai 1817. — Biographie universelle.

[29] Meurisse. Naissance et décad. de l'Hér. Page 21. (Metz, Jean Antoine, 1542, in-4°.)

[30] *Chuppe.* La Xeuppe ou Cheuppe était une punition infamante, particulière à la législation messine, et que l'on infligeait dans des cas où l'on ne prononçait pas la mort. Le condamné, enfermé dans une espèce de cage, était enlevé au moyen d'une poulie; on le laissait retomber de toute la hauteur de la potence au bras de laquelle était attachée la poulie. Cet appareil était placé au-dessus d'un égout, où les valets de l'exécuteur vautraient le condamné jusqu'à ce que les magistrats qui présidaient à ce sâle supplice donnassent l'ordre de cesser.

« fosse bourbeuse ou l'on faisoit quelquefois bar-
« botter les criminels, il eût les deux oreilles ar-
« rachées, et puis il fut banny de la ville pour
« iamais. »

Maître Jacques n'est connu dans nos annales que par son supplice et son exil.

Le 13 octobre 1543, le Maître-Échevin, les treize jurés, conseil et paraiges défendirent par un *huchement*[31] le débit des livres de la réformation. « Que les libraires ne ayent dans leurs
« bouticles ou vendent aulcuns liures de la nou-
« velle doctrine contredisant à l'encienne religion,
« à painne de confiscation desdits liures et au
« regard de justice. »

TALLINEAU (Laurent). 1539.

21. Il ne m'est connu que par un seul petit volume [32] assez curieux, et dont voici le titre et la description :

---

[31] On appelait *huchement*, à Metz, une loi publiée à haute voix sur la principale place : un agent de l'autorité montait sur une grosse pierre qui tenait lieu d'estrade. La pierre où se faisaient ces proclamations était placée à l'entrée de la rue Fournirue, près de la paroisse Saint-Gorgon.

[32] Appartenant à M. le Baron Marchant.

❡ Le crys [33] des pieces dor et monoies Faict en la Noble Cite de Mets Lā Mil cincq cens trente et neuf.

Auec Priuilege.

A 1

format oblong, présentant les signatures d'un in-8°, mais n'ayant que les dimensions d'un in-32. — 54 feuillets sans pagination. — Gravures en bois de monnaies d'or et d'argent; celles d'or enluminées. — 13 lignes à la page. — Caractères gothiq.

L'ordonnance « de Messeigneurs les Maistre « Escheuin, Trezes et conseil de la Noble Cité « de Metz » est du 27 janvier 1539.

Au verso du dernier feuillet :

❡ Imprime en la Noble Citede Mets auec Priuilege par Jehan Pelluti Libraire et Laurens Tallineau Imprimeur Demourans en ladicte Cite.

❡ Et sine ipso factum  est nichil Jo. i.

---

[33] Cry, publication.

Après le tarif des monnaies ayant cours à Metz,

» Senſuyuent les foyres royalles et generalles de
» bones Villes de France.

Les relations commerciales de Metz, ville impériale, étaient donc principalement tournées vers la France; néanmoins Metz avait une telle importance en Allemagne au 15e et au 16e siècle, et son séjour, tant de charmes pour les habitans d'outre-Rhin, que l'on disait en proverbe :

Wenn Franckfurt mein wäre
So würde ich es zu Metz verzheren.

Si Francfort m'appartenait, je le dépenserais à Metz.

Les Messins, dans leurs mœurs privées, avaient plutôt l'aménité française que le phlegme germain.

PALIER ou PALLIER (Jean).

PALIER dit MARCHAND (Jean).

PALIER JUNIOR (Jean).

22. Ces indications diverses appartiennent-elles au même individu? Elles sont contemporaines et toutes trois de la fin de la domination allemande à Metz. Dans sa liste, M. Lançon ne cite qu'un

seul imprimeur du nom de Palier [34]; il me semble que l'on ne peut douter qu'il n'y en ait eu deux, ayant le même prénom. L'aîné a pris quelquefois le sobriquet de *Marchand*, pour ne pas être confondu avec son frère, et peut-être parce qu'il avait un commerce, outre la profession d'imprimeur; l'autre a constaté, par le surnom de *Junior*, la postgéniture; tous deux ont été, pour le temps où ils vivaient, des imprimeurs distingués.

Jean PALLIER ou PALIER.

Jean PALIER dit MARCHAND. } 1542.

23. On doit attribuer à ses presses une édition, sans nom d'imprimeur ni de ville, de la loi municipale nommée le grand Atour. L'exemplaire qui est sous nos yeux appartient à M. le Baron Marchant et porte la signature de Paul Ferry. Les auteurs de l'Histoire de Metz n'ont pas connu cette édition, puisqu'ils ne transcrivent le grand Atour, dans les preuves, que sur une copie tirée du cabinet de M. Emmery [35].

[34] M. Emmery, Rec. des Edits, etc. II. Page 528.

[35] Hist. de Metz. II. 610.—Preuves. IV. 564.

La révolution de 1405 était un évènement fort important; l'Histoire de Metz, souvent si prolixe, ne lui consacre que quelques lignes.

STATUTZ ET
ORDONNANCES FAICTZ

Entre les Seigneurs gouuerneurs de la Noble et Imperialle Cite de Metz et les bourgeois (quon dict en langue vulgaire du pais, Le grand Atour de la Cite) par lesquelz est notoire a tous combien grande et honeste liberte ont eu du passe, les bourgeois de ladicte Cite de Metz.

IL EST DEMONSTRE AV COMmencement, comment tres lourdement ont tresbuchez en leur office, ceulx qui auoient le gouuernement des cytoiens, deuant que ces statutz et ordonnances fussent faictz.

Imprime nouuellement.
M. D. XLII.

24. Cette réimpression clandestine du grand Atour était une satyre contre le Maître-Echevin (Gaspard de Heu), les Treize et le Conseil, en

exercice en 1542. On voulait par là comparer l'état des citoyens avec la *grande et honeste liberte* dont on jouissait en 1405, et en faire tirer la conclusion que les magistrats *tresbuchoient en leur office.* Pour faire apercevoir cette critique, il est nécessaire de rappeler dans quelles circonstances fut adoptée la charte toute populaire du 17 novembre 1405. L'administration républicaine de Metz était aristocratique ; la bourgeoisie, mécontente des paraiges, se souleva contre eux, mit les familles patriciennes en fuite et s'empara du pouvoir, non sans avoir gagné des nobles au parti de la *Jacquerie.* Comme toutes les secousses révolutionnaires semblent devoir être scellées par le sang, l'un des nobles fugitifs, Jean Grognat, ayant été pris, périt sur l'échafaud et servit de motif à de sanglantes représailles. Ce fut pendant la sédition que les nouveaux magistrats trouvant que « du temps passé, la justice,
« officiers et conseil qui auoient le gouuernement
« de la cité, auoient trez petitement gouuernez, »
donnèrent de nouvelles bases à la constitution de la cité et créèrent une sorte de tribuns du peuple, nommés Preudhommes. Chaque paroisse avait à élire « un p̄udhōme, hōme de bōnes meurs et
« de bonne conuersation, lequel ne doibt point
« estre, des six paraiges de n̄re cité, ne de ceulx
« qui sont yssus descendus, ne que descenderont

« desdictz six paraiges. » L'exécution de cette loi fut de courte durée : la cité, florissante durant plusieurs siècles sous les Raigecourt, les d'Esch, les Roussel, les de Heu, les Baudoche, forma un parti pour eux; les anciens magistrats rentrèrent dans la ville et ressaisirent l'autorité; trente-six de leurs adversaires les plus prononcés furent noyés au Pont-des-Morts.

> Ce fut une grant' cruaultez,
> Tant de gens de grant parentez.
> *Chron. en vers.*

Voici un article du grand Atour, propre à faire juger les mœurs de nos ancêtres et leur jurisprudence criminelle au commencement du 15e siècle :

¶ Item voulons encores et ordonnons, que des or en auant qu'on ne ait nul ieu de boulles ny aultres en nostre Cite, et quon ne soustiēne nulles ribauldes, nulz ruffiens ioueurs de deez publicques, ne aultres oiseuses gens silz ne sont rentes ou marchandz ou aultres qui se meslent daucunes affaires, conuenables dōt ilz se puissent gouuerner et que toutes les foys quon trouuera aulcuns ou plusieurs de teles manieres de gens, boullions, ruffiens, et poursuyueurs de iœuz de deez, ou aultres menantz mauuaise vie, et oyseuses qu'on enquere de leurs vie, et de leurs estatz, et qu'on les face vuyder de la Cite, du Pays, ou de la subiection de Metz. Et des la en auant quant on les aura faict sortir, et on les pouoit tenir, puis apres, la Iustice les doibt faire noyer.

On peut appliquer à cette réimpression du grand Atour une observation que fait Debure (Bibl. instr.), au sujet d'une publication des facéties du Pogge :

« Ces sortes d'éditions exécutées sans indica-
« tion de ville, nom d'imprimeur et sans date,
« nous paraissent avoir un grand rapport avec les
« ouvrages publiés sans l'aveu du ministère ou
« imprimés tacitement; et il y a d'autant plus lieu
« de conjecturer que celui-ci est de ce nombre,
« que la matière qu'il renferme est de nature à
« devoir être moins approuvée publiquement. »

25. Il nous reste encore avec l'indication de Jean Palier les ouvrages suivans :

La Vie des très-glorieux troys Roys lesquels vindrent adorer Jesu-Christ en sa Nativité.

A la noble cité impériale de Metz, Jehan Palier, dict Marchant; on le vend au palais de Metz et à l'imprimerie au bout de Saincte-Croix, par Jehan Peluti.

Edit. en caract. gothiq. in-16. 1643.

Huchement, ordonnance et edict, fait en la cité de Metz, touchant l'extirpation de la nouvelle doctrine (du 13 octobre 1543), imprimé à la noble et impériale cité de Metz, par Jean Palier, dit Marchant.

La Vie et Trespas des deux Princes de Paix, le bon duc Anthoine et saige duc François, premiers de leur nom, Ducs de Lorraine, etc. etc.; ensemble les cérémonies observées et accomplies à leurs funérailles et enterremens, avec le discours des alliances et traitez de mariage en la maison de Lorraine, et une lamentable déploration sus leur trespas; par Edmond du Boulay, avec les blasons armoyez, peints avec d'or et autres belles couleurs. A Metz, par Jean Pallier. 1547. — In-4°. — Ouvrage fort rare, dit David Clément. (Bibl. curieuse. V. 161.)

Les Genealogies des tres-illustres et tres-puissants Princes les ducs de Lorraine Marchis, auec le discours des alliances et traictez de mariages en icelle maison de Lorraine iusques au duc François dernier decedé; par Edmond de Boullay, premier heraut et roy d'armes de Charles III du nom Duc de Lorraine. A Metz, chez Jean Pallier. MDXLVII. — In-4°.

Duchesne (Bibl. des histor. de France, p. 179) donne le détail de six écrits imprimés à la suite des Généalogies. Il ajoute: « On a depuis r'imprimé ce liure à Paris en 1549. 8. mais abregé et retranché de tous les traictez, excepté le dernier. » L'édition de Metz est donc plus complète, et par cette raison plus recherchée. Elle est rare.

26. Je terminerai cette liste par l'ouvrage le plus remarquable qui soit sorti des presses de Jean Palier, c'est-à-dire le poème épique ou plutôt historique de Laurent Pilladius, chanoine de Saint-Dié, sur la guerre des Rustauds [36].

Laurentii Pilladii Ca-
NONICI ECCLESIAE SANcti Deodati Rusticiados libri sex, In quibus illustris. principis Antonij Lotharingiæ, Barri, et Gheldriæ ducis, gloriosissima de seditiosis Alsatiæ rusticis victoria copiose describitur.

Metis.

Ex officina Ioannis Palier.

1 5 4 8.

[36] Calmet. Bibl. Lorraine. 167. 748.—Hist. de Lorr. V. 494 et suiv.—Dom Calmet a fait réimprimer la Rusticiade dans le vol. de la Bibl. Lorr., parce que de son temps les exemplaires de l'édition originale étaient devenus si rares, qu'à peine s'en trouvait-il deux à Nancy.

Ce livre, fort rare, est un in-4°, de 24 feuilles, avec folio au recto de chaque feuillet, titres courans, signatures, réclames; — texte en caractères romains, sommaires marginaux en lettres gothiques; 27 vers à la page.

Entre le titre et le nom de l'imprimeur, au frontispice, se trouve la marque ou *signum* de Jean Palier : deux enfans soutenant une fleur de lys sous un dôme en arabesque reposant sur deux colonnes, et dans l'espace qui les sépare, les initiales I. P.

Le sujet traité par Pilladius intéressait vivement les Lorrains. En 1525, cent mille paysans allemands se soulevèrent et se portèrent en armes aux frontières de la Lorraine, dans le dessein d'entrer en France. Antoine, duc de Lorraine, s'empresse de marcher à leur rencontre et d'opposer une digue à ce torrent. Avec les 10,000 hommes qu'il réunit, il leur en tue 30,000 en trois combats, en moins de quinze jours, et les disperse. Pilladius a donné la description poétique de cette guerre. M. Coster a publié l'analyse de la Rusticiade. (Précis des travaux de la Société des sciences, lettres et arts de Nancy; 1807; in-8°. — Pages 37 à 49.)

PELLUTI (Jean), Imprimeur-Libraire. 1541.

27. Dialogue en forme d'argument, auquel sont introduits Calliope et Edmond de Boulay, disciple de Marot et régent de la grande escolle de Mets. — A l'honneur de Charles V, empereur couronne. — Lorsquil fut en l'imperiale cité de Mets.
Imprimé en la noble cité de Mets, par Jehan Pelluti, imprimeur et libraire [37].

Ce premier voyage de Charles-Quint à Metz eut lieu en janvier 1541; il y revint le 16 juin 1544, puis le 10 janvier 1546. L'histoire a consacré comme un des principaux évènemens du 16e siècle la déplorable issue du 4e voyage, en 1552.

Siste viam Metis, hæc tibi Meta datur.

Un Jean Peluti Junior est cité dans plusieurs ouvrages du même temps, avec la qualité de libraire seulement.

Manuale Curatorum Civitatis et Diocœsis Metensis, quo quisque curam animarum habens, quæ circa sacramentorum administrationem agenda sunt facilè

---

[37] Ferry. Obs. sec. XVI. 453.—Calmet. Bibl. Lorr. 138 à 143.—Moréri. Edition de 1759, page 131 de la 2e partie du tome 2.—Biog. univ. V. 326.—Aucune de ces Biographies ne cite le volume imprimé chez Jean Pelluti.

comperiet, haud incommodis, additionibus aliis agendis minimè appositis adauctum.

Impressum in clarissimâ Civitate Metensi, solerti curâ venerabilis Domini Hugonis Nicolai als des Tauars, Canonici Metensis, anno Domini 1543; venundantur in palatio ipsius civitatis per Joannem Peluti Juniorem. In-4°.   Cum priuilegio [38].

PALIER JUNIOR (Jean). — 1546.

28. Ce fut lui que l'on chargea de l'impression des livres d'église (Bréviaires, Rituels, etc.).

Voici le titre du Bréviaire qui sortit de ses presses en 1546 :

Breuiarium secundum ritum insignis ecclesiæ Metensis diversis in suis rubricis purgatum erroribus, ad sanctæ Trinitatis individuæ laudem, nec non intemeratæ virginis Mariæ ac Diui protho-martyris Stephani gloriam et honorem et diuini cultus decorem finit feliciter.

Impressum Metis arte Johannis Palier Junioris, curâ venerabilis Domini Hugonis Nicolai (de Tauars), Canonici et Officialis Metensis, impensis verò ejusdem Domini Hugonis, nec non honorabilium virorum Johannis Lespingal, mercatoris, ac Johannis Doumary, auri fabri, ciuium Metensium. Anno incarnationis dominicæ milesimo quingentesimo quadragesimo sexto, die vero XV julii. — In-f°.

[38] Cat. de la Bibl. des avocats de Metz. 123.

Hugo Nicolaï de Tavars [39] fut chargé spécialement par Jean, cardinal de Lorraine et administrateur de l'évêché de Metz, de corriger, de mettre en ordre et de faire imprimer les livres d'église destinés aux prêtres du diocèse (*Ut Missalia, Breuiaria, Agenda siue Manualia, Diurnalia siue semi-tempora*). L'acte du cardinal est du 6 juin 1542 et daté de Nancy.

Nicolas de Lorraine, neveu du cardinal et évêque de Metz, par un autre acte du même jour, confirme la commission donnée à Hugues Nicolaï (*commissionem, ordinationem et iniunctionem.... Confirmamus, approbamus et emologamus.* (Sic.)

Nicolaï remplit sa mission. L'Histoire de Metz [40] donne une notice sur le rituel; c'est par erreur que cette histoire indique Jean Peluti le jeune comme l'imprimeur du bréviaire, du rituel, etc. Peluti le jeune n'était que libraire.

Dès 1518, l'église de Metz avait eu son bréviaire particulier, imprimé à Lyon, *opera Johannis Clein, Lugdunensis Bibliopolæ nominatissimi.*

---

[39] Calm. Bibl. Lorr. 917. Au mot Tavars.

[40] Tome 3, page 4.

DERBUS (Jean), Imprimeur.—1564.

29. Jean Derbus, dans son acte de mariage, du 6 février 1564, prend la qualité d'imprimeur.

Je ne connais pas d'ouvrage portant son nom; peut-être était-il seulement attaché à l'important établissement de Jean d'Arras et d'Odinet Basset. Comme eux, Jean Derbus professait la religion réformée [41].

D'ARRAS (Jean) et BASSET (Odinet).

30. Une partie de la population de Metz et des premières familles avait embrassé la réformation; le culte était public dans la ville et dans plusieurs villages des environs. Quatre pasteurs y remplissaient leur ministère, lorsque le besoin de livres liturgiques et pédagogiques fit appeler des imprimeurs de Genève. Ce fut sous le maître-échevinat de François d'Ingenheim, protestant lui-même, et par la protection du maréchal de Vieilleville « gouverneur en chef, qui, dit Meu-« risse, les appuyoit et soustenoit en toutes ren-« contres [42]. »

[41] Paul Ferry. Observ. sécul. XVI. 483. § 43.

[42] Martin Meurisse. Naiss. et décad. de l'hérésie; pag. 232, 235, 272, 273, 287, 384, 421.—M. Emmery. Rec. des édits. II. 528.

Les plus connus de ces imprimeurs sont Jean d'Arras et Odinet Basset, qui commencèrent leurs publications en 1564. Leurs éditions sont correctes. Par le nombre des livres qui nous restent d'eux, on peut juger de leur activité et du prompt débit des produits de leurs presses.

En 1575, les imprimeurs et libraires protestans furent forcés de quitter Metz, et pendant quelque temps les écrivains messins recoururent aux presses de Paris, de Reims, etc.; plus de vingt ans après l'expulsion de Jean d'Arras, on trouve de nouveau des ouvrages portant son nom :

Des Affaires d'état, de finance, du prince, de la noblesse; par le président François de l'Aloüette, avec plusieurs belles remarques.
Mets, Jean d'Arras. 1597.—In-8°.—2ᵉ édition [43].

La date de ce volume, qui atteste le retour d'un imprimeur protestant, concorde avec un ordre donné par Henri IV pour autoriser le libre exercice du culte réformé à Metz; cet ordre est de janvier 1597, et sa confirmation, du 12 mars suivant.

[43] Bibl. histor. de la France, dernière éd. N.° 27214. — David Clément, Bibl. cur. I. 201. C'est à tort que David Clément et le Dict. de Moréri confondent le président de l'Allouette avec François de l'Allouette, Bailli de Vertus. Ni l'un ni l'autre n'ont trouvé place dans la Biog. univ.

FABERT (Dominique) [44].

31. Dominique Fabert, fils d'Isaïe, habitait Strasbourg, alors ville libre et impériale, et y cultivait les lettres, lorsque le duc de Lorraine, Charles III, l'appela à Nancy et le chargea de la direction de l'imprimerie ducale. Ce prince, dont le règne fut de près de soixante-trois ans, donnait aux sciences et aux arts tout le temps que ne réclamait pas le soin de ses états ; de célèbres étrangers vinrent alors les cultiver en

[44] Le père Barre. Vie de M. le marquis de Fabert, maréchal de France. Paris. Hérissant. 1752. 2 vol. in-12. — Tome I, page 1. — Tome II, page 372. — Affiches des Évêchés et Lorraine, 1779, n.ºs 2, 4 et 5. — Journal de la Moselle, 1819, n.° 34. Ce n.° contient une lettre fort bien écrite, où l'auteur (M. M.***) réfute un passage d'une fable de M. Arnault et une note explicative où ce poète fait le maréchal fils d'un libraire de Nancy.

La fable IX du 2ᵉ livre, intitulée l'*OEuf de l'Aigle*, est terminée par les six vers suivans :

> Ainsi plus d'un héros futur
> Elevé dans un rang obscur,
> En suivant son génie, agit contre la règle.
> *Dans le comptoir*, Fabert ne rêvait que combats ;
> Mais pourquoi? mais comment? Ami, n'oubliez pas
> Qu'une Dinde, par fois, peut couver l'œuf d'un Aigle.

M. M.*** en citant ces vers, ajoute : « Je laisse aux
« appréciateurs des convenances, comme aux naturalistes,
« à juger l'heureuse comparaison de cette fable, à propos
« de Duguesclin et de Fabert, et la vraisemblance de
« l'incubation d'un œuf d'aigle par une dinde. »

Lorraine, le seul pays qui ne souffrît point des convulsions de la guerre, des factions et des troubles religieux. C'est ainsi qu'il acquit pour sujets l'écossais Guillaume Barclay, Pierre Guillaume, de Toulouse, et d'autres savans. Fabert vint prendre place au milieu d'eux. Avoir été distingué, d'après sa renommée, par Charles III, c'est déjà une prévention favorable pour Dominique Fabert. A son arrivée en Lorraine, il y possédait déjà des domaines. On ne sait guère s'il fut véritablement imprimeur à Nancy, ayant un établissement industriel à son compte, ou bien s'il ne fut que le gérant, l'intendant de l'imprimerie ducale, avec un traitement fixe. Je suis de cette dernière opinion et je la motiverai plus tard; ce qui est certain, c'est que ni lui ni son fils ne furent libraires, soit à Nancy, soit à Metz.

Les domaines de Fabert, situés à quelques lieues de Metz, finirent par l'appeler dans cette ville, qui a toujours eu tant de charmes pour les étrangers, à cause des mœurs hospitalières et prévenantes de ses habitans; des intérêts de fortune, peut-être même des avantages spéciaux l'y fixèrent. Il paraît, dit le père Barre, « que Charles III
« approuva cette démarche, car en lui permettant
« de se retirer, il lui conserva sa pension, avec
« le titre de maître ou de directeur de l'impri-
« merie ducale. »

Une pareille faveur prouve que les services de Fabert lui avaient mérité la bienveillance de ce prince, que la mémoire des Lorrains associe à Léopold et à Stanislas; de ce prince qui, grâces à un règne long et paisible, grâces à ses constans efforts, parvint à ne demander à ses heureux sujets que le trentième de leurs revenus, ou la rente d'un jour par mois [45]. Charles III fut digne en tout d'être le contemporain et l'émule d'Henri IV.

Ce fut après la retraite de Fabert qu'il acquit la terre seigneuriale de Moulins-lès-Metz, que, de nos jours, les descendans de son fils aîné possédaient encore.

L'article du journal de la Moselle, cité à la note de la page 46, donne à Fabert les prénoms de Dominique-Mangin. C'est une erreur; ces deux prénoms sont identiques et n'en font qu'un seul. Mangin est le diminutif allemand de Dominique (Minchen, Mänchen). C'est de la même manière que les noms de Hennequin, Hensienne, fort communs dans nos environs, viennent de Hans, Jean (Hänschen); Clessienne, Clesgen, Clausse, viennent de Nicolas, Nicolaus (diminutif, Cläsgen, Claus.)

---

[45] Joseph-François Coster. Eloge de Charles III. Francfort. 1764. In-8°.—M. Coster, né à Nancy en 1729, y est mort en 1813.

FABERT (Abraham) [46].

32. Il reçut de son père le domaine de Moulins-lès-Metz, et prit, dans les actes publics, le titre de seigneur de ce lieu. Charles III donna une dernière preuve de sa bienveillante protection pour Dominique, en accordant au fils la survivance de la direction de l'imprimerie, avec les émolumens qui y étaient attachés. Cette direction était donc plutôt une charge honorifique que des fonctions journalières. Cela semble prouver que Fabert n'était pas propriétaire, à Nancy, d'une imprimerie ouverte au public et à l'usage de tous; mais qu'il était le chef d'une exploitation au compte du gouvernement, et dont les travaux étaient subordonnés seulement aux ordres ou aux besoins de son prince.

33. C'est en 1587 que nous trouvons, pour la première fois, sur des livres: *Metis, ex Typographia Abrahami Fabri*. Je donnerai un catalogue assez étendu des ouvrages sortis de ses presses; mais auparavant il est nécessaire de faire connaître plus particulièrement Abraham Fabert, comme homme de lettres, comme magistrat.

[46] Hist. de Metz. III. 160, 196.—M. Emmery. Rec. des édits. I, 146.—II, 528 à 531.—Calm. Bibl. Lorr. 358. —Biog. Univ. XIV. 6.

« J'ai entendu dire à quelques personnes, dit
« M. Emmery, qu'il n'avait jamais été imprimeur;
« qu'en tout cas, s'il avait été possesseur d'une
« imprimerie, c'était uniquement pour faire tra-
« vailler ses propres ouvrages sous ses yeux. L'on
« croit sans doute qu'en déguisant l'état du père
« on rehausse la gloire du fils; mais elle n'a pas
« besoin d'un éclat emprunté. Le véritable grand
« homme l'est par ses vertus, par ses talens et
« par les services essentiels qu'il a le bonheur de
« rendre à son pays : tel fut le héros messin.
« Au reste, l'imprimeur Fabert ne peut pas faire
« de tort à son fils, parce qu'il était lui-même
« un homme d'un rare mérite. Décoré du collier
« de l'ordre de Saint-Michel [47] dans un temps où
« c'était une distinction éclatante, il fut élevé
« plusieurs fois à la suprême magistrature de son
« pays, lorsque sa ville jouissait encore, sous la
« protection de la France, des droits, des privi-
« léges et des prérogatives d'un état républicain. »

En effet, Abraham Fabert, doué d'une instruction solide, livré par goût à l'étude des lois comme

---

[47] Chevalier de l'Ordre du Roi, par brevet du 12 août 1630.

Après la restauration, le premier chevalier nommé dans cet ordre a été le maire de Metz, M. le baron Marchant (Nicolas-Damas), aujourd'hui conseiller de préfecture.

à la culture des lettres et des langues savantes, parvint, quoique fils d'un étranger, à réunir à Metz autant de crédit sur les habitans que d'influence sur le gouverneur, l'orgueilleux duc d'Espernon. Plaire au duc d'Espernon par des moyens légitimes et sans sacrifier les intérêts de la cité, était la tâche d'un honnête homme, pourvu d'adresse autant que de fermeté, et ayant l'habitude des hommes : c'est cette tâche utile que Fabert parvint à remplir. On avait confiance dans sa valeur et dans son instruction militaire ; il exerça à Metz l'emploi de Commissaire ordinaire de l'artillerie, puis celui de Commissaire provincial des Trois-Évêchés, sous les ordres du grand-maître Maximilien de Béthune, duc de Sully.

34. Imprimeur juré et pensionnaire de la cité, il fut cinq fois Maître-Échevin de Metz. Voici, d'après le catalogue de Dom Jean François [48], l'époque et la durée de chacune de ses magistratures :

1° De 1610, après la mort funeste de Henri IV, jusqu'en 1613 inclusivement.

2° Du 1ᵉʳ juin 1618 à pareille époque de 1620.

3° Du 3 septembre 1624 au 7 janvier 1625.

[48] Dom Jean François. Vocabulaire austrasien. Metz ; J.-B. Collignon. In-8°. 1773. — Page 202.

Le fleuron du frontispice représente une des médailles frappées à l'occasion d'un des échevinats de Fabert.

4° En décembre 1631.

5° De mai 1632 jusqu'au............ 1638, jour de sa mort.

35. Ce fut sous son premier échevinat que l'on parvint à arrêter la rédaction des *Coustumes générales de la ville de Metz et pays messin;* on y travaillait depuis 1578, et on en chargea alors l'un des magistrats, Jean d'Abocourt, « qui le « plus souvent se trouva empestré dans des diffi- « cultés inextricables [49]. » C'est à Fabert qu'appartient l'honneur d'avoir mis à bonne fin cette entreprise. Je reviendrai à la précieuse édition qui nous reste de cette Coutume, avec l'indication : par A. Fabert le jeune, l'an 1613.

36. Comme auteur, nous devons à Fabert :

Voyage du Roy a Metz, l'occasion d'iceluy : ensemble les signes de resiouyssance faits par ses habitans, pour honorer l'entree de sa Majesté. Par Abr. Fabert. — 1603.

Cette date indique l'époque du voyage du Roi et non celle de l'édition. L'ouvrage parut en 1610.

Le titre est dans un frontispice gravé, représentant un monument à colonnes, lequel est surmonté par le buste du bon Henri, couronné par la Religion et par l'amour des Français.

Au bas, le nom du graveur Alexandre Vallée.

[49] Préface de l'édition de 1613.

Ce volume in-f° a 72 pages de texte, non compris 8 pages d'une épitre dédicatoire adressée « au duc d'Espernon, gouuerneur ès ville et ci- « tadelle de Metz et pays messin, par les Maistre- « Escheuin, Conseil, et Treizes de la Ville et Cité « de Metz, pour les trois Estats d'icelle et du Pays. » Cette épitre est fort remarquable comme écrit historique, et mérite d'être lue avec attention par les personnes qui veulent avoir une juste idée du caractère des messins et de leur fidélité à leur souverain. Le tour suranné du style a une énergie particulière. Metz avait été long-temps la victime des frères Sobolle, l'un, commandant de la ville et de la citadelle; l'autre, sous les ordres de son aîné. Le voyage du Roi avait eu pour but principal de les déposséder. Voici comme les magistrats peignent et les maux qu'ils avaient soufferts, et leur reconnaissance envers le père des Bourbons :
« La paix publique et la tranquillité domesticque
« sont deux grands artisans, qui peuuent en peu
« de temps raffermir en un estat l'ordre que la
« desbauche et petulance d'aucuns se trouue y
« auoir esbranlé; nous le cognoissons par une
« douce expérience; et conferant le bien présent
« à la rigueur du mal passé, nous donnons au
« Roy la cause de celuy-là qui tire de nous des
« louanges immortelles, et attribuons à certains
« esprits desreiglez le motif de cestuy-cy, ne

« pouuāt nous empescher de nous souuenir du
« blasme qu'ils en meritēt. »

Les magistrats rendent témoignage de l'union qui régnait à Metz, sous Henri IV, entre les catholiques et les réformés : « Le nombre des Citoyens
« y est grand, l'esquels, encores que par la forme
« de seruir Dieu ils soient tellemēt diuisez qu'il
« est difficile de résouldre, si pour l'esgard de
« la multitude l'une des parties à quelque aduan-
« tage sur l'autre, si est-ce qu'ils demeurent tres-
« estroittement unis et conioincts du lien de
« beneuolence et d'amitié, par lesquels ils s'en-
« traident les uns les autres auec autant de passion
« que l'humaine societé peut desirer, ayant de
« long temps remis à Dieu le fait de leur creace,
« pure action de l'esprit, sur lequel la seule Toute-
« puissance à plain pouuoir. »

D'après ces courts extraits, dignes d'Amyot et de Montaigne, on aura le désir de lire en entier l'épitre et le voyage.

C'est de Metz [50], et à propos de ce voyage, que Henri IV écrivait à son fidèle Sully : « Ma présence
« étoit icy très nécessaire, vous ne sçauriez croire
« comme le sieur de Sobolles [51] est généralement
« hay en cette uille tant des habitans que des

[50] Mémoires de Sully. Edition de 1725. Tome II. Page 69.

[51] Sobolle aîné. (Roger de Cominges, seigneur de)

« etrangers....... J'y ay été bien ueu et bien
« receu de ce peuple qui desiroit fort de m'y
« uoir. Cette uille est des plus belles et des mieux
« assises et trois fois plus grande que celle d'Orleans.
« La citadelle ne uaut rien ; je uoudrois que uous
« eussiez fait icy un tour et que uous eussiez ueu
« cette frontière pour iuger l'importance qu'elle
« m'est et qu'il m'en eut cousté quelque chose de
« bon....... »

Le voyage, pour être complet, doit renfermer :

15 Gravures occupant les pages 17, 23, 29, 33, 37, 39, 43, 47, 49, 51, 53, 57, 59, 61, 63 et 66—67, sans nom de graveur [52];

Plus :

Deux gravures d'armoiries de la maison d'Espernon ; la 1re avec le nom du graveur : A. Vallée f. ; une vue du cours de la Moselle et de l'aqueduc romain de Jouy-aux-Arches (*Gaudiacum*);

La carte du pays messin et de ses confins;

Le portrait (c'est-à-dire le plan perspectif) de la ville et cité de Metz.

37. Pour l'impression de ce volume, le Maître-Echevin, le Conseil et les Treize avaient conclu avec leur imprimeur un marché à prix fixe; la somme convenue était de trois cents écus. Par une transaction du 21 octobre 1603, la ville,

[52] Bibl. histor. de la France. IV. Appendice. 40.

pour être déchargée de cette somme, céda à Fabert,
« à cens, à perpétuité et pour tousioursmais....
« la place ainsi qu'elle se contient, auec les deux
« petites grangettes gissants au petit Saulcy (la
« place de la Préfecture), où par cy-deuant soul-
« loit y auoir ung moullin à vent......... à
« charge d'y eriger et bastir une maison sienne,
« pour l'embellition et décoration de la uille. »

Fabert tint parole. De nos jours cette maison existait encore à la pointe nord-est de l'île de la Préfecture. J'y ai reconnu des bas-reliefs et des bustes de Henri IV, qui déposaient de l'attachement sans bornes de Fabert pour son roi. Cette maison, que nous avons vue dans les derniers temps être l'hôtel du Palais-Royal, puis l'hôtel d'Angleterre, a été démolie en 1809 pour construire, sur son emplacement, des magasins de commerce destinés à un port intérieur. Ce projet est resté sans exécution.

38. Après la mort de Fabert, ses enfans firent publier à leurs frais le volume suivant :

Les Remarques d'Abraham Fabert, cheualier, seigneur de Moulins et Maistre-Eschevin de Metz, sur les coustumes genérales du duché de Lorraine, ès bailliages de Nancy, Vosges et Allemagne. Imprimé à Metz aux frais de l'autheur, et se vendent audit lieu chez Claude Bouchard, proche la grande esglise. — 1657.

Frontispice gravé, portant au bas : Seb. Le Clerc f. [53]
Ovale de 2 pouces 2 lignes de haut sur 1 pouce 9 lignes de large.

Au verso est la gravure d'Abraham Fabert, portant son âge : Æ—75.

Au bas la devise : *Labor omnia vincit;* et le nom du graveur : *Le Clerc fecit* [54].

In-folio, 539 pages et la table des textes expliqués, sans pagination.

On doute maintenant que les remarques sur les coutumes de Lorraine soient d'Abraham Fabert. « Il y en a qui croyent avec beaucoup de fon-
« dement, dit Dom Calmet, que l'ouvrage n'est
« pas de Fabert, mais de Florentin Thiriat, avocat
« de Mirecourt, qui fut pendu pour avoir écrit
« un pamphlet satyrique contre un prince de la
« maison de Lorraine. » Cette opinion a pré-

---

[53] Ch.—Ant. Jombert. Catal. raisonné de l'œuvre de Seb. Le Clerc. Paris, 1774, 2 vol. in-8°. Tome I. Page 36. Seb. Le Clerc est né à Metz le 26 septembre 1637; il quitta sa patrie à la fin de 1665, ayant déjà un talent extraordinaire pour le dessin et la gravure.

[54] Au lieu de cette gravure de notre célèbre compatriote Sébastien Le Clerc, on trouve quelquefois un autre portrait, de plus grande dimension que le premier, et gravé par G. Ladame. Le cuivre de cette gravure est dans les archives de la ville. M. de Turmel, Maire, a bien voulu le confier à M. Dosquet, pour que le portrait de l'illustre Maître-Echevin, son devancier, pût orner cet ouvrage.

valu. Au nom de Thiriat, la Bibliothèque des livres de droit [55], par MM. Camus et Dupin, ajoute celui de Canon. C'est probablement une erreur : Pierre Canon, juge assesseur du bailliage des Vosges, a publié un autre commentaire sur les coutumes de Lorraine, imprimé en 1634 [56].

Si les remarques sur la coutume de Lorraine avaient été publiées du vivant de Fabert, je ne pourrais me persuader qu'il eût voulu usurper le titre d'auteur de cet ouvrage; mais c'est long-temps après sa mort que ce volume a paru. La fraude, si elle existe, ne peut être imputée à sa mémoire; il est possible que ce soit l'effet d'une simple erreur, et que sa famille, trouvant ce commentaire parmi ses manuscrits, ait cru de bonne foi qu'il était le fruit de ses veilles.

39. Fabert, distingué comme magistrat par son instruction et par son dévouement à ses devoirs, comme homme de lettres par l'étendue de ses connaissances, l'était aussi comme imprimeur; il occupe à tous égards le premier rang dans la nomenclature que cet écrit présente.

Les premiers ouvrages à citer comme sortant de

---

[55] Lettres sur la profession d'avocat et Bibl. choisie de livres de droit, par M. Camus; 4ᵉ édition, par M. Dupin. Paris, Lottin, 1818, 2 vol. in-8°. — Tome II. Page 225.

[56] A Epinal, 1634, in-4°. Chez Ambroise Ambroise.

ses presses sont ceux de son ami, Jean-Jacques Boissard[57], poète latin et archéologue, né à Besançon, qui se fixa à Metz pour y publier ses travaux, s'y maria, et y mourut le 30 octobre 1602.

Disticha in iconas diversorum principum Caesarum, philosophorum et aliorum illustrium hominum, tam antiqui, quàm hodierni temporis. *Quibus singulorum res gestæ breviter continentur.* IANO IACOBO BOISSARDO *Vesuntino auctore.* Metis, ex Typographia Abrahami Fabri. 1587.

Petit in-8°, 78 pages. — Livre fort rare.

Tetrasticha in emblemata Jani Jacobi Boissardi Vesuntini. *⁎*
Metis, ex Typographia Abrahami Fabri. cIɔ. Iɔ. XXCVII.

Petit in-8°, 55 pages, sans gravures.

[57] V. sur Boissard, les Mémoires pour servir à l'histoire des hommes illustres, etc., du père Niceron, tome XVIII; les Jugemens des savans, d'Adrien Baillet, édition in-4°, tome V, page 24; les Dictionnaires de Bayle et de Moréri; la Bibliothèque lorraine, de Calmet, page 130; et la Biographie universelle, tome V, page 26. — L'article Boissard, dans ce dernier ouvrage, est de M. Weiss, bibliothécaire de la ville de Besançon, l'un des plus laborieux et des plus utiles collaborateurs de l'immense entreprise de MM. Michaud. Grâces à l'étendue de ses recherches, au goût qui préside à leur mise en œuvre, M. Weiss, toujours varié dans ses notices, a su rendre piquans une foule d'articles que ses devanciers dans la même carrière avaient laissés froids et sans couleur.

Les *Disticha* et les *Tetrasticha* de 1587 sont ordinairement réunis en un seul volume.

Ces premières éditions étaient le prélude de celles qu'accompagna le luxe des gravures de Théodore de Bry.

Iani Iacobi Boissardi Vesuntini Emblematum liber. Emblemes latins de I. I. Boissard, avec l'interpretation françoise du I. Pierre Ioly Messin [58].

Iani Aubrij Typis.

Metis, Excudebat Abrahamus Faber. 1588.

[58] Pierre Joly (*Petrus Lepidus*), traducteur des quatrains emblématiques de Boissard, est un des plus illustres messins nés dans le 16ᵉ siècle. Accusé près d'Henri IV, il fut pleinement justifié; le Roi écrivit aux Maître-Echevin, Treize et Conseil de Metz : « L'accusation « dressée contre ... Joly na faict que donner lustre a « sa reputation........ Comme il est vostre compatriot, « vous serez fort ayses quil ne soyt le premier d'entre « les Messains qui ayt manqué au debuoir d'homme de bien « a l'endroict du Roy vostre Protecteur..... (Fontaine-« bleau, 11 avril 1602.) » Il nous reste une médaille à l'effigie de Pierre Joly. (V. les Arrêts du parlement de Paris et autres pièces concernant la justification de Joly et de ses co-accusés. Paris, Ruelle, 1602.—L'hist. univ. de J.-A. de Thou, livre 129.—Le Recueil des édits enreg., etc., par M. Emmery, tome I, pages 31 à 36. —La Bibl. Lorraine. 548.)

Joly était oncle maternel de Paul Ferry; sa postérité a exercé long-temps des fonctions publiques à Metz; son arrière petit-fils, Paul-Gédeon Joly de Maizeroy, né à Metz

C'est Jean Aubry, marchand orfèvre à Metz, qui fut l'éditeur des Emblêmes de Boissard, son gendre. C'est à lui que fut délivré, le 8 janvier 1584, un privilége « de faire imprimer et mettre » en vente durant le temps et espace de dix ans. »

Petit in-4°, 93 pages, le privilége à la 95e. — Frontispice gravé, le portrait de Boissard et 42 gravures d'emblêmes. Ces gravures sont de Théodore de Bry.

40. L'exemplaire que j'ai de cet ouvrage est relié avec soin et doré sur tranche; il a servi d'*album* à Othon-Philippe Krebs, qui, lui-même, y a inscrit des maximes.

Je seray homme de bien, dit-il, et après la fortune fera sa volonté de moy.

La gloire des ancestres est comme une lumiere qui descoūre aux yeux d'autruy les vertus ou les vices des successeurs.

Voici d'autres extraits, écrits de la main de plusieurs personnages de naissance illustre et d'amis

en 1719, et mort le 7 février 1780, s'est rendu célèbre par de nombreux écrits de tactique; il est souvent cité comme autorité. M. Weiss a donné la liste complète des ouvrages de Joly de Maizeroy (Biog. univ. XXVI. 303.) La Bibl. historique de la France (tome III, n° 32209) cite en outre de lui un manuscrit intitulé : *Annales du régiment de Bresse*, depuis 1684 jusques et compris 1754. (La Rochelle. 1755. 12.)

de Krebs, qui donnent à celui-ci les qualifications de *nobilissimus*, d'*ornatissimus*.

1.

Basse est ma fortune,
Haulte est ma pensée.

Post funera virtus.

Hæc Othoni Philippo beneuolentiæ singularis ergò scribebat Joannes a Flauigni Metensis, 2do die Junii anno 1590.

2.

Carolus Alexander a Croy Dux in Arschot, Marchio de Haurech, comes de Fontenoy Baro de Finstingen, hæc propria manu exaravit.

Ex ode 4ª libri tertij carminum Horatij.

Vis consilî expers, mole ruit sua
Vim temperatam Dij quoq prouehunt
In maius îjdem odere vires
Omne nefas animo mouentes

Grata labore quies.

Ce duc a été tué d'un coup de mousquet dans son palais, le 9 novembre 1624.

Lorsqu'il écrivit ces vers, il était fort jeune et faisait ses études; il savait déjà fort bien qu'il était grand seigneur; l'importance qu'il semble attacher aux mots *propria manu* le prouve.

3. — 4.

Deux princes de Lœwenstein, sortis de la maison palatine, sont plus modestes. L'un écrivit sur l'*album* de son ami :

1594.

Puluis et umbra sumus.

L'autre :

1594.

W S M V

Adhuc mea messis in herba est.

5.

Sanguine fundata est ecclesia, sanguine crevit, sanguine succrevit, sanguine finis erit.

En Dieu mon espérance.
Hæc paucula scribebat lubens Basilœ 13 Julij 1592 J. B. Fridericus Gernandus.

J. N. D.

6.

1590.

W. S. M. V.

Ne voyse au basle quj naymera la dance,
Ny a la cour quj dira ce qu'il pense,
Ny sur la mer quj craindra le denger,
Ny au banquet quj ny voudra manger.

Jean Jaquez, comte d'Eberstein.

L'ouvrage de Boissard est rare; aux yeux d'un bibliophile, mon exemplaire a bien plus de prix que tout autre, à cause de la destination que son premier propriétaire lui a donnée. On ne connait pas d'*album* plus ancien. M. Arnault, dans un article spécial, a recherché l'origine des *album*, mais il ne l'indique pas; il dit seulement que cet usage n'a été importé d'Allemagne en France que vers le commencement de ce siècle. L'*album* de Krebs prouve une ancienneté plus reculée.

Les emblêmes ont été réimprimées in-4°, en 1593, à Francfort [59], avec une traduction allemande. Le catalogue de la bibliothèque du maréchal d'Estrées [60] cite, outre l'édition de 1588, une autre édition de Metz, 1595, in-4°.— Je trouve ailleurs la mention d'une édition de Metz, en latin et en français, in-8° oblong, de 1584; je ne la connais pas.

41. J.-J. Boissard publia ses *Romanæ urbis topographia et antiquitates*, in-f°, à Francfort-sur-Mein, parce que c'était dans cette ville que s'était établi le célèbre graveur liégeois Théodore de Bry. Le texte des deux premières parties fut imprimé à Francfort; la 1re chez Jean Feyrabend,

---

[59] David Clément. Bibl. cur., tome V, page 15, aux notes.—Niceron ne cite que l'édition de 1593.

[60] Paris, Guérin, 1740; 2 vol. in-8°.— Nos 11576 et 11577.

1697; la 2ᵉ chez Saurius. C'est à Fabert que Boissard confia la 3ᵉ partie : *III pars antiquitatum seu inscriptionum et epitaphiorum exacta descriptio.... etc.*

A la fin du texte, page 42 :

Excussum Typis Abrahami Fabri, Civitatis Mediomatricorum typographi. Impensis Theodori Bryi Leodiensis sculptoris, Francfurdini civis.
Ann: Sal. cIɔ. Iɔ. xcv.

Le tome qui sort des presses de Fabert ne le cède en rien aux deux premiers.

L'ouvrage a en tout six parties, dont on trouve la description dans la *Bibliotheca Pinelliana*, tome III, n° 5938, et dans la Bibliothèque curieuse de David Clément, tome V, page 25.

La 4ᵉ partie a été publiée en 1598; la 5ᵉ en 1600; la 6ᵉ en 1602. On rencontre rarement l'ouvrage complet, parce que les premières parties ont été dispersées avant que les autres n'eussent vu le jour; la bibliothèque publique de Metz n'a que les trois premières.

La réimpression de 1627 est moins rare, et par conséquent moins recherchée que la 1ʳᵉ édition.

Icones diversorum hominum famâ et rebus gestis illustrium.
Metis mediomatric. Cum privilegio regio.

Excudebat Abrahamus Faber. MD. XCI. Cum privilegio regis. — In-12. 111 pages.

Jani Jacobi Boissardi Vesuntini Poemata.
    Elegiarum Lib. II.
    Hendecasyllabor. Lib. II.
    Tumulorum et Epitaphiorum Lib. I.
    Epigrammatum Lib. II.
Metis, Excudebat Abrahamus Faber. MDXIC. Cum privilegio regis. — In-8°. 406 pages, sans les pièces liminaires et la table.

La première édition de ces poésies est de Bâle, 1574, in-8.°

Theatrum vitæ humanæ a J.-J. Boissardo Vesuntione conscriptum, et a Theodoro Britio artificiosissimis historiis illustratum.
Excusum Typis Abrahami Fabri mediomatricorum typographi, cum figuris æneis elegantissimis.
Metis. 1596.
Impensis Theodori Briti Leodiensis Sculptoris, Francofordiensis civis. — In-4° [6].

On cite une édition antérieure due à Abraham Fabert, et in-4°. Elle est sans date. David Clément la dit fort rare.

Il y a une réimpression faite en 1638, dans le même format, également rare.

[6] Copié dans la Bibliothèque lorraine de Calmet. 130.

Tractatus posthumus Jani Jacobi Boissardi Vesuntini
de divinatione et magicis præstigiis, etc. [62]
Metis. 1602.

Recueil des principaux points de la remontrance, faite à l'ouverture des plaidoiries des duchez de Lorraine, après les Rois en l'an 1597, par Nicolas Remy, Conseiller de Son Altesse en son conseil d'estat, et son procureur général en Lorraine.
Imprimé à Metz par Abraham Fabert. 1597.—In-4° [63].

« Vous ne prendrez sciemment en main cause
« apparemment injuste, dit Nicolas Remy aux
« avocats de son temps, et si vous la descouvriez
« telle, après l'avoir prinse, la quitterez et aban-
« donnerez du tout. »

D'autres ouvrages du même auteur ont été imprimés à Lyon en 1595, à Pont-à-Mousson en 1605, à Epinal en 1617 et 1626.

42. Le chef-d'œuvre d'Abraham Fabert est, à tous égards, l'ouvrage suivant :

Missale secundum usum insignis ecclesiæ Metensis. Ex mandato illustrissimi ac reuerendissimi principis D. Caroli à Lotharingia, S. Romanæ ecclesiæ Car-

---

[62] Calmet. Bibl. lorr. 130.—David Clément en cite trois autres éditions : in-f°, sans date, à Oppenheim ; in-4°, 1611, à Hanau ; in-f°, 1615, à Oppenheim. Il ne fait pas mention de l'édition de 1602, qu'indique Calmet, et dont je ne parle que d'après lui.

[63] Calmet. Bibl. lorr. 803.—Hist. de Lorr. I. cxxviij.

dinalis et Legati : nec non Argentinēs. et Metens. Episcopi, restitutum.

Cui accessit calendarium gregorianum restitutum.

Metis. Apud Abrahamum Fabrum, eiusdem Ciuitatis typographum. 1597.

Lettres noires et rouges.—Entourage gravé au frontispice.—En haut l'écusson du Cardinal, ayant des soldats romains pour support.—L'épître dédicatoire au Cardinal est d'Abraham Fabert, qui se donne le titre de *devotus cliens*.

Imprimé à deux colonnes.—Un sujet gravé à chaque page.—Plein-chant.—221 feuillets.—plus le *Commune sanctorum*.—47 feuillets.—Au recto du 48e, Hercule terrassant l'hydre, avec l'inscription : *Labor omnia vincit.*—Plus bas, le nom de l'imprimeur : A. Fabert. 1597.

Ce missel suffit pour placer son nom près de ses contemporains, Mamert Patisson et Robert Estienne III. Quelque soigné, quelque magnifique que soit ce volume, je ne puis m'arrêter à l'opinion qu'il n'a été imprimé que pour en faire des présens, comme propose de le croire le spirituel auteur de la lettre du 16 juin 1819. Le catalogue de la bibliothèque publique de Metz annonce ce missel comme imprimé sur vélin; néanmoins cette bibliothèque n'a qu'un exemplaire sur du papier ordinaire.

Nouveau conseil et avis pour la préservation et guérison de la peste, par M. Jean de Saint-Aubin, Médecin ordinaire de la ville de Metz.

Imprimé à Metz, par Abraham Faber, imprimeur ordinaire et juré de la ditte uille. 1598. In-8° [64].

Saint-Aubin était mort en 1597. Ce fut son confrère Bucelot qui fit imprimer son manuscrit, quoique l'ouvrage ne fût pas terminé. « Cette première partie, dit Calmet, fera regretter la suivante à ceux qui la liront. Comme Saint-Aubin avait été formé par un esprit nourri des auteurs grecs, on y admirera leur noble simplicité, l'exactitude de leurs descriptions et la sagacité de leurs prognostics. » Le savant commentateur de la bible était-il bien un juge compétent d'un écrit sur la peste?

A l'article de l'imprimeur Claude Félix, sera cité un autre ouvrage sur la peste.

Brefve instruction pour tous estats, en laquelle est sommairement déclaré comment chacun se doit gouuerner en son estat et viure selon Dieu.

A Metz, par Abraham Faber (*sic*), imprimeur ordinaire et juré de la ditte ville. 1602. Avec permission. — In-16. — 216 pages.

Au verso du dernier feuillet :

Imprimé à Metz par Abraham Faber (*sic*), imprimeur juré des seigneurs de la ditte ville. Mil vi^c et deux.

---

[64] Calmet. Bibl. Lorr. 860.

Ce volume, imprimé en ronde, a l'aspect de la *Civilité puérile*, qui a été si long-temps l'effroi des enfans, à cause de la difficulté de déchiffrer ces caractères insolites.

Traitte des Institutions chrestiennes, et choses dernieres de l'homme.

Fait françois du latin de R. P. F. C. D. L. C. D. J. (Reverend Pere F...... C......, de la Compagnie de Jesus.)

Auec un sommaire du contenu en chacun chapitre.

> En toutes tes œuures souuienne toy des choses dernieres, et tu ne pecheras iamais. *Eccles.* 7.

A Metz, par A. Faber, imprimeur ordinaire iuré, et pensionnaire de laditte ville. 1600.

In-24, 266 pages. — Une gravure sur bois. L'épirtre (*sic*) à vénérable et bien discret Monsieur I. Cugnin, Chancelier et Chanoine de l'église cathédrale Saint-Estienne de Metz, est signée par A. Faber (*sic*), qui s'annonce comme éditeur de l'ouvrage. « Je le vous rend, dit-il à M. Cugnin, « elabouré au mieux qu'il m'a esté possible. »

En effet, cette édition, imprimée avec encadrement, est fort soignée.

XVIIᵉ SIÈCLE.

FABERT le jeune (Abraham.) 1613.

43. Le Maître-Echevin Fabert eut de sa femme, Anne des Besnards d'Allaumont, deux fils et une fille.

1° François Fabert, Commissaire d'artillerie, Chevalier de Sᵗ-Michel en 1658, Maître-Echevin de Metz de 1659 à 1662. Il épousa en 1636 Magdeleine Foës, de la même famille que le célèbre messin Anutius Foës.

C'est la postérité de François qui a continué à posséder le domaine de Moulins, et dont le dernier descendant mâle est mort durant la révolution.

2° Abraham Fabert [65], devenu Maréchal de France en août 1658, après quarante-cinq ans de service, après avoir vu soixante-un siéges, beaucoup de combats et deux batailles.

---

[65] Le P. Barre. Vie de M. le marquis de Fabert, maréchal de France. Paris. Hérissant. 1752. 2 vol. in-12, avec portrait gravé par J. Daullé. — Hist. du Maréchal de Fabert. Amsterdam. Desbordes. 1697. In-12. — Ce dernier ouvrage, sans nom d'auteur, est de Gatien Courtilz de Sandras; il est peu exact et peu estimé. — Calmet. Bibl. Lorr. 358. — etc.

3° Anne Fabert, mariée à Nicolas Dujardin, Commissaire des guerres dans les Trois-Evêchés.

44. Il nous reste un livre fort recherché à Metz, par le seul fait qu'il porte le nom d'Abraham Fabert le jeune, indiqué comme imprimeur. En voici le titre et la description :

Coustumes générales de la Ville de Metz et Pays Messin.
Redigées en suitte du Résultat de l'Estat tenu le 12 Nouembre 1602.
Et imprimées de l'ordonnance de Messieurs du Grand-Conseil.
A Metz, par A. Fabert le jeune, l'an 1613 [66].

Petit in-4°, avec encadrement. — 111 pages, non compris 8 feuillets de préface, table, etc.

45. Doit-on conclure du frontispice des *Coustumes*, que Fabert a repris l'établissement de son père et a été imprimeur ? Non, sans doute.

Fabert le jeune est né à Metz le 11 octobre 1599. Pouvait-il donc être imprimeur en 1613 ? Avait-il été assez précoce dans ses études pour être propre aux affaires dès l'âge de 13 ans, et

---

[66] Cette édition est indiquée dans le catalogue de la bibliothèque des avocats du parlement de Metz, ainsi : Metz. Amb. Fabert, 1613, in-8°. — La Bibliothèque de droit, de MM. Camus et Dupin, a reproduit les mêmes erreurs. Tome II, page 230, n° 815.

grossir la liste des enfans célèbres? Sans nuire à la gloire immortelle que ce héros s'est acquise, il faut convenir, au contraire, que, destiné par son père à l'état ecclésiastique, Fabert ne répondit nullement à ce projet, et fit paraître dès son enfance autant d'aversion pour les langues anciennes que d'inclination pour le métier des armes. « De « tous les livres, dit Perrault [67], il n'y avoit que « les romans qui lui playsoient, et sans cette in-« clination, on auroit eu de la peine à luy ap-« prendre à lire. » A treize ans, le jeune messin qui poussa ensuite si loin la science du tacticien et de l'ingénieur, devait être fort ignorant. Ce fut, d'ailleurs, dans cette même année 1613 que la carrière militaire s'ouvrit pour lui : il fut reçu cadet aux gardes-françaises.

Lorsque Fabert père fit paraître les *Coustumes générales de Metz*, il était Maître-Echevin ; par une réserve qui appartenait au temps où il vivait, et que l'opinion publique n'exigerait plus aujourd'hui, il ne voulut pas se montrer à la fois et premier magistrat et imprimeur stipendié de la cité : le nom de son second fils fut placé sur le frontispice ; voilà le seul titre de Fabert le jeune, pour être rangé au nombre de nos typographes.

[67] Perrault. Les Hommes illustres qui ont paru en France pendant le XVIIe siècle. — Paris. Dezallier. 1701. 2 vol. in-12. Tome II, page 79.

Tout en exposant le véritable état des choses, je me suis bien gardé de ne pas inscrire Fabert dans cet écrit.

46. L'édition de 1613 a des différences souvent essentielles avec celles qui l'ont suivie; elle ne pourrait donc être citée au barreau comme autorité. Les coutumes, à diverses reprises, furent revues, augmentées, modifiées. L'article 1er de l'édition primitive consacre l'origine des Messins. Libres sous les Romains, les *Mediomatrici* furent qualifiés alors de *Socia Civitas* [68]; libres encore sous la domination des Francs, et ne dépendant que des Rois, puis des Empereurs, dans les siècles de la féodalité, les Messins, pour base fondamentale de leur loi écrite, imprimèrent : « Par la coustume de la ville de Metz, et pays « messin, toutes personnes sont franches, nulles « de seruile condition. »

47. La mémoire de Fabert est immortelle; ce nom, l'un des plus beaux du siècle de Louis XIV, rappelle à la pensée l'idée d'un guerrier placé au premier rang par ses services militaires, et parvenu sans intrigues, en conservant la pureté de son caractère; celle d'un honnête homme, dans toute l'étendue de cette expression, d'un bon père de

---

[68] *Legiones in Mediomatricorum Sociam Civitatem abcessere.* Tacit. Histor. Lib. I, cap. 63.

famille, d'un sujet dévoué, sachant également faire craindre et faire aimer son Roi. Metz se glorifie de l'avoir vu naître, de l'avoir élevé, de lui avoir inspiré sa vocation au milieu du bruit des armes, qui retentit toujours dans cette noble et guerrière cité. Metz, néanmoins, a négligé le nom de Fabert : rien dans cette ville ne le rappelle. Le zèle des compatriotes de Fabert, le concours d'une administration à laquelle Metz doit depuis peu d'années une face nouvelle, l'appui d'un gouvernement qui sait reconnaître les grands services, finiront par réparer cette longue omission commise par nos pères.

1624.

48. Combat d'honneur concerte par les IIII elemens sur l'heureuse entrée de madame la Duchesse de la Valette [69] en la Ville de Metz ensemble la resiouyssance publicq. concertee par les habitans de la Ville et du pays sur le mesme sujet.

In-folio. — Sans date, nom d'imprimeur ni de ville. — Frontispice gravé, portant le titre dans

[69] Gabrielle-Angelique de Bourbon, mariée le 12 décembre 1622 à Bernard, duc de la Valette. Elle mourut en couche à Metz le 29 avril 1627. — Son frère, Henri de Bourbon, marquis de Verneuil, était alors évêque de Metz. (Histoire de Metz. III, 225.)

un cartouche ovale; le tout surmonté de l'écusson de France, avec le signe de bâtardise. (La Duchesse de la Valette était fille d'Henri IV et de la Marquise de Verneuil.)

130 pages, non compris 8 pages d'épître dédicatoire au Duc d'Espernon, père du Duc de la Valette, et de préface au lecteur.

21 gravures, savoir : le frontispice, 2 de blason, 10 gravures in plano, 9 d'un seul feuillet. Le célèbre Jacques Callot, né en 1593 à Nancy, était en 1624 de retour dans sa patrie, et il y travaillait : nos gravures ne peuvent lui être attribuées.

Le titre courant porte : Entree de Madame la Duchesse de la Valette en la Ville de Metz.

49. Cet ouvrage, comparable pour son exécution à la relation du voyage de Henri IV, appartient à l'histoire de Metz, et donne une haute idée des ressources en tout genre que renfermait cette ville.

De quelles presses sort-il? Abraham Fabert père, qui était l'un des Treize en 1624, et qui est désigné dans la relation comme l'un des magistrats chargés des préparatifs, n'avait-il plus d'établissement typographique où ce livre pût être imprimé? Je l'ignore. Les jours qui précédèrent l'entrée, ce fut chez Fabert, au château de Moulins, que logea la Duchesse; l'on doit croire qu'il ne négligea aucun des moyens qui étaient en son pouvoir pour servir la gloire de la jeune princesse et témoigner par là son zèle au vieux Duc d'Espernon et à son fils Bernard de la Valette, appuis constans de Fabert et de sa famille, depuis plus de trente ans.

Les Jésuites, nouvellement reçus à Metz, furent consultés sur l'ordonnance des fêtes, et préparèrent en grande abondance des inscriptions, des acrostiches, des anagrammes, non-seulement en français et en latin, mais en grec, en hébreu, en italien. Tel était l'esprit du temps.

La relation a été rédigée par un seul auteur, ainsi que le prouve la préface au lecteur. Abraham Fabert est-il cet auteur? Il y a probabilité; mais rien ne le prouve.

50. La réception de Gabrielle de Bourbon fut plus somptueuse, plus recherchée que celle du Roi, son père, en 1603. Les Trois Etats de la ville de Metz et du pays messin craignaient plus leur gouverneur que leur souverain.

La ville de Metz, représentée par une jeune personne [70], harangua Gabrielle de Bourbon, « qui « prist vn grand plaisir au discours et à la grâce « dont il fust prononcé, si bien qu'elle loua tout « hautement l'vn et l'autre. »

[70] Catherine de Bazaille, petite-fille du substitut du Procureur du Roi.

La jeune fille « auoit les cheueux espars en signe
« d'allegresse et entretissus de filets d'or; sa robbe
« estoit de taffetas incarnat surcouuerte de gaze
« d'argent, auec un surcot de gaze d'or frangé
« et escaillé tout à l'entour, et par dessus tout
« cela vn grand manteau royal a fond d'argent,
« parsemé de fleurons bleus. »

Dans l'une des fêtes, une pastorale intitulée : *Phillis retrouuée*, fut représentée « en la grande sale de l'Euesché. » Dès que la Duchesse fut placée, on lui remit « la copie de l'action même escrite dans un livre relié, doré sur la tranche; et l'argument de tout ce qui estoit compris tiré sur une grande thèse de satin. »

Il y eut sans doute plus d'un exemplaire de cet imprimé sur satin; c'est une rareté bibliographique qui aurait du prix pour les amateurs, si l'on en recouvrait aujourd'hui.

Pour terminer cet extrait, je transcrirai textuellement un passage qui ne trouvera pas de contradicteurs.

« On peut dire des enfans de Metz qu'ils sont
« aussi bien nais pour l'oliue que pour la palme,
« ayant autāts d'addresse et de bien-seance aux
« exercices et gentillesses de la paix que de cou-
« rage aux effects du champ de bataille, et qu'il
« ne faut point aller en Italie pour y voir la
« ieunesse françoise tout le long du iour en cam-

« pagne la salade en teste, le corselet au dos,
« la picque ou l'arquebuze au poing, et le soir
« la chemise fraisée, l'escarpin blāc, et toute la
« suitte de mesme tenir le bal iusqu'à la minuict
« pour retourner le lēdemain à la faction plus
« frais et de meilleur courage que deuant. »

Cet extrait peint notre jeunesse messine au 17e siècle; il peint aussi celle de nos jours, si calme dans les murs de la ville natale, si brillante au champ de Mars, si distinguée parmi les braves. Ce tableau de mœurs, qui remonte à 1624, n'a pas perdu pour nous de la vivacité de ses couleurs, ni de la vérité des portraits.

BRECQUIN (.........). 1624.

51. Discours de la vie [71] et faits héroïques de Bernard de la Valette [72], Gouverneur de Provence, et de

[71] V. sur ce discours, l'Esprit de la ligue, par Louis-Pierre Anquetil. (1767, 3 vol. in-12), tome I, page lxi. — L'ouvrage de Mauroy étant devenu rare, il a été réimprimé à la fin des additions (de M. le marquis de Cambis-Velleron) au mémoire historique et critique de M. Secousse, sur la vie du maréchal de Bellegarde. — Paris, 1767, in-12.

[72] Bernard de la Valette, tué le 11 février 1592, à 39 ans, au siége de Roquebrune, en Provence, frère aîné du duc d'Espernon. — Sainte-Foix. Tome VI, page 267.

ce qui s'est passé durant son commandement; comme enfin ce qui avoit été fait par luy en Piémont et en Dauphiné lorsqu'il y étoit Gouverneur, depuis l'an 1577 jusqu'en 1592; par Mauroy (Honoré), sieur de Verrières, secrétaire du Roy.

Metz [73], Brecquin, 1624.

In-4°, 221 pages.

FÉLIX (Claude.) 1628 à 1646.

52. Etabli primitivement à Vic, siége de la juridiction et chef-lieu du domaine temporel de l'évêque de Metz, il y imprimait encore en 1627. C'est dans cette petite ville, aujourd'hui fort connue par l'inépuisable banc de sel gemme que l'on y a découvert en 1819, que Félix publia, in-8° [74] :

Les actes admirables en prospérité, en adversité et en gloire du bienheureux martyr Saint Livier.... par Alphonse Remberviller, Lieutenant general au bailliage de Metz. — 1624.

[73] Bibliothèque historique de la France, n° 31788.— Catalogue de la Bibliothèque de M. Paris de Meyzieu, 1779, in-8°, n° 2669.

[74] M. Emmery. Rec. des Edits.... etc. Tome I, p. 580. — Calmet. Bibl. Lorr. 780 à 782.— Histoire de Metz. Tome I, page 232.— Ancillon. Mélange critique de littérature. Tome II, page 269.—L'abbé Goujet. Bibliothèque françoise. Tome XV, page 137.

En 1626, il y fit paraître un ouvrage dont le titre est fort singulier [75] :

Le Cadet d'Apollon, né, nourry et elevé sur les remparts de la fameuse citadelle de Metz, pendant la contagion de l'année passée 1625, endoctriné des meilleurs préceptes des plus excellens médecins et plus experts chirurgiens pour s'opposer à la furie de la plus cruelle maladie du genre humain, qui est la peste : présenté à Messieurs de la ville de Metz, par Maistre Marion Rolland, leur très-affectionné concitoyen, Chirurgien stipendié du Roy et de laditte uille, très-utile pour se préserver de la peste, ou pour s'en guerir, en étant atteint. Imprimé à Vic, par Claude Félix, imprimeur de Monseigneur l'évêque, avec approbation et privilége. In-12. — 170 pages.

53. Ce fut en 1628 que Félix vint s'établir à Metz, sous le maître-échevinat de Jean de Villers [76]. J'ignore s'il y fut appelé par les magistrats ou même par Abraham Fabert, ou bien si ses intérêts seuls l'y amenèrent. Une fois à Metz, il n'eut plus la qualité d'imprimeur de l'évêque, que

[75] Histoire de Metz. Tome III, page 223. — Calmet. Bibl. Lorr. 835.

[76] Jean-Baptiste de Villers, Seigneur de Villers-sur-Genivaux et de Saulny, Chevalier de l'ordre du Roi, Gentilhomme ordinaire de la chambre, Maître-Echevin de Metz à plusieurs reprises, mort en 1632.

jusqu'alors il avait prise. La perte de ce titre pourrait faire croire qu'en quittant Vic il avait encouru la disgrâce de l'autorité épiscopale : ce ne fut que quelques années après que ce titre fut accordé au premier des Antoine.

En 1632, le 2 avril, Félix fut nommé *imprimeur juré des Maître-Echevin et Conseil*. Le 14 octobre 1641, il reçut des lettres-patentes d'imprimeur du Roi, qualité inconnue jusqu'alors à Metz, et qu'il partagea deux ans après avec Jean Anthoine. Tous deux, dès 1633, avaient obtenu du parlement nouvellement créé [77] l'autorisation d'imprimer concurremment tous édits, déclarations, arrêts et autres expéditions émanés de la Cour.

54. C'est chez Claude Félix que Jean Anthoine apprit l'état d'imprimeur; Félix lui donna pour épouse sa nièce, Marguerite Berthier, fille de feu Jean Berthier, imprimeur à Troyes [78], et la dota de « vingt pistolles d'Espagne, valant trois cent « cinquante francs, monnoye de Metz. »

Plus tard, Félix maria sa propre fille à Pierre Collignon, et, selon toute apparence, fut le maître,

[77] Arrêt du 10 septembre 1633, rendu sur le rapport du célèbre Nicolas Rigault, conseiller au parlement de Metz, à sa création, mort à Toul, intendant de la province, le 23 février 1653, d'après les registres du parlement.

[78] Contrat de mariage, du 7 février 1633, déposé chez Pierre Louuain, aman de l'arche Saint-Georges.

l'instituteur de ce gendre; ainsi c'est à Félix que remontent les deux familles Antoine et Collignon, qui, depuis près de deux siècles, n'ont cessé d'exercer à Metz l'art de l'imprimerie.

55. J'ai sous les yeux plusieurs ouvrages sortant de l'atelier de Claude Félix.

Le sacré Mont-Carmel, ou se void l'excellence de l'ordre de Nostre Dame des Carmes, son antique Institution; les Merueilles et Miracles, operez en iceluy, par les Prophetes, Patriarches, Pontifes, Saincts Docteurs, et Vierges bien-heureuses.
Mis en vers françois par Esprit Gobineau, Sr de Mont-luisant, Chartrain.
A Mademoiselle du Jardin.
A Metz, par Claude Félix, Imprimeur Iuré de la dicte Ville et Cité. — 1632.

In-4°; 77 pages, non compris 13 pages de table des matières à la fin, et 16 pages au commencement pour l'épître dédicatoire, des acrostiches, sonnets, etc. — Frontispice gravé en taille douce avec soin, sans nom et sans monogramme de graveur. — La dédicace à Anne Fabert, sœur du maréchal, mariée à Nicolas Dujardin [79], commissaire

---

[79] Le mémoire généalogique de la famille Fabert, qui termine l'histoire du Maréchal, du père Barre (tome II, page 372), donne à Anne Fabert pour époux le chevalier de Barthon, vicomte de Montbas. Sont-ce les noms de terre de Nicolas Dujardin? Sont-ce les noms d'un second mari?

des guerres, est curieuse par l'excès du ridicule. L'auteur, parlant du père, des frères et de l'époux d'Anne Fabert, dit qu' « ils se sont grauez dans
« le Roch de la Memoire, auec le burin de leurs
« Intelligence, Science, Prudence, Valeur, Police,
« et Capacité aux affaires d'Estat : De sorte que
« l'esclat radieux de leur Probité vniuerselle, à
« penetré iusque dans l'Esprit du plus Grand, du
« plus Valeureux, et du plus Iuste Monarque de
« la Terre. (Louis XIII.) »

« Le Mont-Sacré du Carmel, dit ailleurs Go-
« bineau, est comme vne Opale admirable, en
« laquelle se void la blancheur de la Virginité,
« l'azur de la Fidélité, la verdure de l'Esperance,
« la rougeur de la Charité, le iaulne du Cōtente-
« ment spirituel, et le violet de l'Amour Diuin. »

L'ordre sacré de la saincte prestrise, mis en vers françois, par Esprit Gobineav, S^r. de Mont-Lvysant, Chartrain.

Iuravit Dominus et non pœnitebit eum : Tu es Sacerdos in eternum secundum ordinem Melchisedech. Psalm. 109.

A Metz, par Clavde Félix, Imprimeur Iuré de la Ville et Cité. 1633. Auec approbation et permission.

In-4°, 28 pages, caractères italiques.

Voici un échantillon du talent poétique de l'auteur, et du goût qui dirigeait ce talent :

ACROSTICH (sic)
de l'Autheur.

Ie m'estois endurcI	mais le Dieu de mercI
EffaÇa le pechE	dont i'estois entachE
SI bien qu'ores ie suiS	priué de mes ennuyS
VIuāt pour loüer DieV	en toute place et lieV:
SI voulez, ô ChrestiēS	iouyr des diuins bienS,
Maintenez le RenoM	de IESVS, et son NoM;
Auec vous il serA	et vous excaucerA,
Repoussant LucifeR	et tous ceux de l'EnfeR:
Inuoquons-lé icI	car d'un Cœur adoucI
A qui le seruirA	le Ciel il ouurirA.

La Royale Thémis [80], qui contient les effets de la justice divine, humaine et morale ou l'establissement de la Cour du parlement a Metz, et les acrostiches sur les noms des Seigneurs de la dite Cour.

Par Esprit Gobineau, S.r de Mont-Luisant, chez Claude Félix. 1634. — In-4°.

Esprit Gobineau n'a trouvé place dans aucune biographie moderne ni dans Moréri. Dom Jean Liron [81] ne l'a même pas inscrit dans sa Biblio-

---

[80] Goujet. Bibl. françoise. Tome XV, pages 346 à 349. —Tome XVI, page 384.

[81] Jean Liron. Bibliothèque chartraine, ou traité des auteurs et des hommes illustres de l'ancien diocèse de Chartres. Paris. Garnier. 1718.—In-4°.

thèque chartraine. L'abbé Goujet seul le cite, et c'est pour critiquer amèrement la Royale Thémis.

ANTHOINE (JEAN), vers 1630 à 1691.

56. Jean Anthoine, né le 1er septembre 1609, à Metz, était fils de Gury [82] Anthoine, entrepreneur de bâtimens, qui était originaire de la même ville.

Elevé, ainsi que son frère Claude, dans la profession de son père, il la quitta pour embrasser celle d'imprimeur, et il épousa, en premières noces, la nièce de Claude Félix, fille d'un imprimeur de Troyes [83].

Jean Anthoine est la souche des typographes du même nom, qui, fidèles à leur art et jouissant toujours de la confiance du gouvernement, ont exercé avec distinction leur profession à Metz pendant deux siècles.

En 1633 [84], il fut nommé, concurremment avec

[82] Gury, *Goericus*, nom d'un évêque de Metz au VIIe siècle : de là viennent les noms propres de Gœury, Gury, communs à Metz et en Lorraine.

[83] Contrat de mariage, du 7 février 1633. La mère de Jean Anthoine, Anne Deuzé, était sœur de Jean Deuzé, curé de Saint-Victor, paroisse de Metz.

[84] Arrêt du 10 septembre 1733, rendu sur le rapport du célèbre Rigault, conseiller.

Félix, imprimeur du parlement que Louis XIII venait d'ériger à Metz [85]. Ce fut lui qui imprima alors, in-4°, « la Relation de l'établissement et « première ouverture du parlement de Metz. » [86]

En 1635 [87], il fut choisi par l'évêque de Metz, Henri de Bourbon, marquis de Verneuil, pour son imprimeur juré.

En 1641 [88], le bailliage lui donna la même qualité pour ses actes. Enfin, en 1643, il fut nommé, par des lettres-patentes [89], l'un des deux imprimeurs du Roi, titre d'estime et d'honneur qui s'est conservé chez ses descendans.

Dans sa longue carrière, Jean Anthoine eut d'abord pour associé son fils Nicolas, puis Brice,

[85] Edit de Saint-Germain-en-Laie, de janvier 1633, vérifié le 26 août suivant.

[86] L'impression de cette relation fut autorisée par un arrêt du 7 décembre 1633, rendu sur le rapport du conseiller Frémyn. M. Emmery a inséré en entier cette relation dans le Recueil des édits. I. 16 à 23.

[87] Nomination du 17 janvier 1635, et non 1625 comme le portent plusieurs éditions des lettres-patentes du 8 février 1643. En 1625, Jean Anthoine n'avait que 16 ans; il travaillait dans les ateliers de son père.

[88] Nomination du 1er août 1641. La création du bailliage est d'août 1634.

[89] Lettres-patentes du 8 février 1643. L'enregistrement du parlement de Metz, alors séant à Toul, est du 21 avril suivant.

son dernier fils et son 20ᵉ enfant [90]. Chacun d'eux aura un article.

Jean ne céda entièrement son imprimerie à Brice que par un acte du 18 janvier 1691 ; il mourut en 1697. Son domicile est indiqué d'abord sous le Tillot, à la place de Chambre; puis sous les arcades de la place d'Armes, au signe de la Croix, proche le pilier royal.

57. L'impression journalière des actes des autorités a été l'occupation principale des presses du premier des Antoine ; néanmoins elles ont donné le jour à plusieurs ouvrages assez importans et d'une exécution typographique soignée. J'en citerai quelques-uns :

Histoire des Evesques de l'Eglise de Metz, par le R. P. Meurisse [91], de l'Ordre de S. Francois, Docteur et naguiere Professeur en Théologie à Paris, Euesque de Madaure et Suffragan de la mesme eglise [92].

[90] Jean Anthoine a eu trois femmes ; ses vingt enfans sont de Marguerite Berthier.

[91] Meurisse fut, en 1636, le parrain d'un des fils de Jean Anthoine.

[92] L'ouvrage de Meurisse est jugé très-sévèrement par Dom Joseph Cajot, dans la préface des Antiquités de Metz. « Martin Meurisse, dit le savant Bénédictin, n'a prêté que son nom à l'histoire des évêques; la préface, assez fournie d'érudition, vient de Jacques Le Duchat.....

A Monseigneur l'Illustrissime et Reuerendissime Euesque de Metz.

(*Titre en noir et en rouge.*)

A Metz, par Jean Anthoine, Imprimeur iuré de mondit Seigneur. — M. DC. XXXIIII. Avec privilége.

In-folio, 690 pages, non compris 29 pages de table et 4 d'épître dédicatoire à l'Evêque Henri de Bourbon. — 6 gravures de monumens tumulaires, pages 8 à 16. Ces monumens avaient été trouvés à Metz, en juillet 1513. Gruter (*Corpus*

Les fréquentes entrevues qu'il eut avec Meurisse nous fondent à croire que ce maigre historiographe dut aux recherches de Le Duchat ce qu'il y a de sensé dans les premières pages de son livre........ Meurisse n'a pas eu plus de part à quelques planches d'antiquités; lui-même avoue qu'elles ont déjà été publiées par Gruter; son attention bornée à nous en donner quelques gravures, sans y ajouter la moindre explication, fait connoître qu'il n'étoit pas plus profond antiquaire que judicieux historien. Le corps de l'ouvrage est à très-peu de choses près une copie de la chronique de Vigneulles, dont j'ai fait une scrupuleuse confrontation. Meurisse n'a mis du sien que quelques chartes peu recherchées et le plus souvent falsifiées. » — V. aussi, sur Meurisse, l'histoire de Metz, tome I, préface, page xiv.

Le but que Meurisse s'est proposé est de prouver que « les Euesques sont deuenus les maistres et les seigneurs « de la ville. » C'est pour y parvenir qu'il a falsifié et scindé des chartes. Cette prétendue souveraineté des évêques, dit Dom Cajot, il la suppose toujours et ne la prouve jamais. Tous nos écrivains messins sont d'accord sur ce point.

Inscriptionum. Heidelberg. 1601. In-folio.[93]) les avait publiés pour la plupart. Les mêmes objets sont gravés dans l'Histoire de Metz, tome I, et cités dans les antiquités de Metz, de Dom Cajot, etc.

Statuta synodi diœcesanæ Metensis. A Martino Meurisse, Episcopo Madaurensi, Suffraganeo et Administratore generali, habita anno 1633.
Metz. 1638. — In-8°. — 148 pages. — Dédié à M. de Verneuil, Evêque de Metz.

La Vie d'Olympiade, Diaconesse de Constantinople, composée pour l'édification des Dames Bénédictines de Montigny près de Metz; par le R. P. M. Meurisse [94].
Metz. Jean Antoine. 1640. — In-4°.

Histoire de la naissance, du progres et de la decadence de l'heresie dans la ville de Metz et dans le pays messin; par le R. P. Meurisse..... [95].
Dedié à Messieurs de la Religion prétenduë reformée de la Ville de Metz.
A Metz, par Jean Antoine. 1642. Auec permission.

[93] L'édition des Inscriptions de Gruter la plus complète et la plus recherchée, est celle d'Amsterdam, 1707, 4 vol. in-f°. Meurisse n'a pu consulter que celle d'Heidelberg.

[94] Moréri. Edition de 1759, tome VIII, page 65.

[95] Ouvrage préférable à l'histoire des Evêques, quant à l'exactitude, disent les bénédictins Jean-François et Tabouillot.

Petit in-4°. — 574 pages, sans 4 feuillets d'épître dédicatoire et 7 feuillets de table des matières.

J. Antoine en a donné une seconde édition du même format, en 1670, également en 574 pages. On a supprimé dans cette réimpression un sonnet injurieux aux réformés, et qui suivait l'épître dédicatoire.

Discours aux Juifs de Metz sur la conversion du S.ʳ Paul du Vallié, Medecin du Roy en la garnison de Brisach.
Appellé le Docteur Paulus, fils aisné de deffunt Isaac Juif, Medecin celebre, dit, le Docteur des Juifs de Metz.
Dédié à Monseigneur l'Evesque d'Auguste [96].
Par le R. P. Jean Bedel, Chanoine regulier de la Congregation de N. Sauueur.
A Metz, par Jean Antoine. 1651. Avec permission et approbation.

Petit in-8°. — 107 pages, non compris 15 feuillets au commencement, renfermant l'épître dédicatoire, l'approbation des Docteurs, un avis de l'Imprimeur et 5 lettres de Paul du Vallié, etc.

58. Au 17ᵉ siècle, Metz a vu naître de nombreux écrits de controverse, dans la lutte si longtemps animée des Docteurs catholiques et des Ministres réformés. Les presses de Metz et de

[96] Pierre Bédacier, suffragant de Metz après M. Meurisse.

Pont-à-Mousson furent les interprètes d'Antoine Clivier, de François Véron, de Léonard Perrin, d'Ignace Legault. Elles furent muettes sous les règnes de Louis XIII et de Louis XIV, pour Etienne Mozet, François de Combles, Paul Ferry, David Ancillon et autres; ceux-ci faisaient imprimer leurs écrits à Sedan, à Saumur, à la Ferté-au-Col, à Genève, à Leide, etc.

Cette dangereuse polémique a si peu d'intérêt aujourd'hui, qu'il est inutile de citer ces écrits; je n'en excepte qu'un seul, et l'on m'en saura gré à cause de son auteur.

Refutation du Catechisme du sieur Paul Ferry, Ministre de la Religion pretendue reformée [97].

[97] Catéchisme général de la réformation de la religion, presché dans Metz; par Paul Ferry Ministre de la Parole de Dieu.

A Sedan, par François Chayer, proche la maison de ville. M. DC. LIV.

151 pages. — petit in-8°. — L'abbé Goujet, Dom Calmet et l'histoire de Metz (III, 143.) citent ce catéchisme comme écrit en latin; c'est une inexactitude: il est entièrement en français; tous les passages de l'Ecriture, des Saints-Pères et des Théologiens sont traduits. Comment cela aurait-il pu être autrement, puisque Ferry parlait au peuple et surtout aux enfans? Cette instruction a été prononcée en chaire le 17 mai 1654. Ferry avait alors 62 ans; l'abbé Courtepée (Encyclopédie, article Metz) s'est trompé lorsqu'il dit que Paul Ferry fit ce catéchisme à vingt ans.

Par Jacques Benigne Bossuet [98], Docteur en Theologie
de la Faculté de Paris, Chanoine et Grand-Archidiacre en l'eglise Cathedrale de Metz.

A Metz, par Jean Antoine. 1655. Avec approbation
et permission.

In-4°. — 240 pages, non compris, au commen-

[98] Bossuet, fils d'un conseiller au parlement de Metz, y fut reçu chanoine de la cathédrale à l'âge de 14 ans; on célébra son 17ᵉ anniversaire de naissance, le 27 septembre 1644, en le recevant grand-archidiacre; il fut nommé doyen en 1665; il a appartenu à cette église et à Metz pendant 18 ans. En 1658, le 25 septembre, il fut parrain d'un des fils de Jean Antoine, auquel on donna le nom de Gabriel. Nommé à l'évêché de Condom, en 1669, il renonça alors à la qualité de doyen du chapitre. On avait souvent essayé de le fixer à Paris; lui, au contraire, semblait préférer le séjour tranquille et studieux de Metz. Bossuet avait avec Paul Ferry les relations les plus affectueuses. J'ai vu chez M. Guelle des lettres autographes de Bossuet qui le prouvent. Le jeune chanoine et le ministre avaient eu des conférences destinées à préparer la réunion de l'église réformée de France à l'église romaine. Plus tard Bossuet et Leibnitz reprirent cette grande entreprise. A la mort de M. Guelle, en 1806, j'ai acquis tout ce qu'il avait des manuscrits et des papiers venant de Paul Ferry. Le petit dossier des lettres et billets de Bossuet ne s'y est pas trouvé : j'ignore ce que cela est devenu. Cette correspondance ne présentait aucun autre fait remarquable que les relations journalières amicales de Bossuet et de Ferry. Cette liaison avait rendu Ferry suspect aux exaltés de la réformation. (Biog. de Paul Ferry dans le magasin encyclopédique de Millin. — 1809. Juin. Cet article est signé B.....)

cement, 5 feuillets d'épître au Maréchal de Schomberg [99], Gouverneur de Metz, la table des chapitres, etc.

Cet écrit, entrepris par Bossuet, alors âgé de 28 ans, à la demande de Pierre Bédacier, suffragant et vicaire-général du diocèse, est la première production d'une plume devenue si célèbre. C'est par cette réfutation que l'aigle de Meaux préluda à ses immortels ouvrages.

59. J. Antoine a imprimé plusieurs livres liturgiques. J'ai sous les yeux :

Rituale metense seu Liber in quo continentur ea quæ parochos præstare oportet in Sacramentorum administratione, rerum benedictionibus, aliisque ad parochiale munus spectantibus quorum index habetur in fine, peragendis.

Jussu et authoritate illustris et reverendi admodum domini Claudii de Bruillan de Coursan............ Episcopatûs Metensis Vicarii generalis et irrevocabilis.

De consensu venerabilis et reverendi admodum Domini Joannis Royer, Electi Decani...... etc.

---

[99] Charles, duc de Schomberg, gouverneur de Metz en 1644, jusqu'en 1656, année de sa mort. Lui et sa femme, la fameuse madame de Hautefort, furent les protecteurs de Bossuet et contribuèrent à le faire connaître à la cour. Schomberg fut non-seulement regretté, mais pleuré par les Messins.

Plus bas : l'écusson de M. de Coursan, deux griffons pour supports, le chapeau, la mitre et la crosse abbatiale.

Metis, apud Joannem Antonium, Regis christianissimi et illustrissimi et reuerendissimi D. Episcopi Typographum. M. DC. LXII.

In-4°. — Lettres noires et rouges.

COLLIGNON (Pierre). 1646 à 1705.

60. Elève et gendre de Claude Félix [100], il lui succéda

1° Comme imprimeur de l'Hôtel de ville, en 1646, d'après la démission donnée par Félix, le 14 mai ;

2° Comme imprimeur du Roi, le 28 août de l'année suivante.

Le Siège de Metz par l'Empereur Charles V. En l'an M. D. LII. où l'on voit comme Monsieur de Guise et plusieurs grands Seigneurs de France, qui étaient dans ladite ville, se sont comportés à la deffence de la place.

A Metz, chez P. Collignon, imprimeur du Roy, et de la Ville, demeurant en Fourni-ruë. M. DC. LXV. In-4°. — 147 pages, non compris 4 feuillets

---

[100] Marie Félix, femme de Pierre Collignon, était cousine de Marguerite Berthier, femme de Jean Anthoine.

au commencement pour l'épître de l'imprimeur aux magistrats de Metz, et celle de l'auteur (B. de Salignac) au Roi Henri II; cette dernière datée du 15 mai 1553.

La première édition est de 1553. Paris. Estienne. In-4°. Une traduction italienne parut à Florence la même année. Collignon réimprima le livre de Salignac, parce qu'il ne se trouvait plus « que « dedans les cabinets, parmi les liures rares. » Pour donner plus de prix à son édition, il y fit ajouter un plan de Metz et des environs par S. Le Clerc; c'est le dernier ouvrage de ce graveur à Metz, qu'il quitta pour aller à Paris; ce plan, peu détaillé, est d'une exécution fort médiocre. — Hauteur, 10 pouces. Longueur 10 pouces 9 lignes.

B. de Salignac, présent au siége, rédigeait ses observations et y ajoutait ce qu'il pouvait apprendre du jeune Baron Armand de Biron [101], « diligent enquéreur et soigneux observateur de la vérité. » Ce journal est un document historique précieux.

---

[101] Armand de Biron, tué au siége d'Epernay, en 1592, avait aimé et cultivé les lettres dès sa jeunesse; il portait sur lui des tablettes où il avait soin de noter tout ce qu'il voyait et entendait de remarquable. — J. A de Thou, livre 103, tome XI, page 490 de l'édition française de 1734. — Sainte-Foix. Histoire de l'ordre du Saint-Esprit, tome VI, page 210 des OEuvres compl. de 1778.

C'est ce même Salignac qui, étant ambassadeur en Angleterre, en 1572, refusa d'excuser auprès de la Reine Elisabeth l'horrible évènement de la Saint-Barthelemy. « Sire, répondit-il à Char-
« les IX, je deviendrais coupable de cette terrible
« exécution, si je tâchois de la colorer : V. M.
« peut s'adresser à ceux qui la lui ont conseillée....
« Un Roi peut accabler un Gentilhomme de sa
« puissance; mais il ne peut jamais lui ravir l'hon-
« neur... » Salignac était grand-oncle de Fénélon.

Nouvelle maniere de fortification. Composée pour la noblesse françoise. Exposée en forme d'elements, et dedié à Monsieur de Choisy [102].
Par Jean Brioys [103], ingénieur et geographe ordinaire du Roy, à Metz, au (*sic*) frais de l'autheur. M DC LXVI. Avec privilège du Roy.
Petit in-4°, 70 pages.

On ne trouve le nom de l'imprimeur qu'à la page 68 :

A Metz, chez P. Collignon, imprimeur ordinaire du Roy et de la dite ville, demeurant en Fourni-ruë. — 1666.

Livre fort rare; il est orné de 23 gravures de

[102] M. de Choisy (Jean-Paul), intendant de Metz, de 1662 à 1673.

[103] Jean Brioys, maître de mathématiques et ingénieur, a donné une carte du pays messin; elle est rare et estimée.

Sébastien Le Clerc. Jombert [104] en donne une exacte description.

Oraison funèbre de Thomas de Bragelogne [105], premier Président du Parlement de Metz (prononcée en l'église Cathédrale de Metz, le 18 mars 1681), par Guillaume Daubenton, Jésuite [106]. — Metz, Collignon. 1681. — In-4°.

Ode sur les commencemens des conquêtes de M. le Dauphin sur le Rhin, en latin et en françois. — Metz, Collignon. 1688. — In-4°.

Journal du siége de Landau, par M. de Bréande, Officier de la garnison. — Metz, Collignon. 1702. — In-12.

ANTOINE (Claude.) 1656.

61. Frère puîné de Jean, né le 14 janvier 1629, cité comme imprimeur à Metz [107] dans le réglement donné le 29 mai 1656 par le Lieutenant-

---

[104] Jombert. Cat. de l'œuv. de Le Clerc; tome I, pages 75 à 79.

[105] Le premier président de Bragelogne est mort à Metz le 4 mars 1681. Son successeur, Guillaume de Seve, S.r de Châtillon, maître des requêtes, fut installé et prêta serment le 7 juillet suivant.

[106] Le P. Daubenton a été confesseur de Philippe V, roi d'Espagne. — Biog. univ. X, 568. — Bibl. hist. de la France, n°s 25698, 25832 et 33209.

[107] M. Emmery. Recueil des édits. II, 527 à 535.

général du bailliage [108], aux imprimeurs, libraires et relieurs.

L'établissement de Claude Antoine n'existait plus en 1660; il n'y avait alors que Jean Antoine et Pierre Collignon. François Bouchard fut le 3ᵉ en 1670; ce dernier était aussi libraire. En 1670 il y avait trois autres libraires: Jean Bouchard, Jacob Estienne et David Guepratte.

ANTOINE (Nicolas.)
1667 à 1680. — 1689 à 1691.

62. Fils de Jean, il fut associé à son père en 1667, avec le titre d'imprimeur du parlement [109]. Avant ce temps on trouve des imprimés où leurs noms sont réunis; plus tard on en voit où chacun d'eux est seul. Sous le nom de Nicolas, j'indiquerai l'ouvrage suivant:

Demonstrations théologiques pour établir la foi chrétienne contre les superstitions et les erreurs de toutes les sectes infidèles..........

Par le père Etienne Petiot, de la Compagnie de Jésus.

Metz, Nicolas Antoine. 1674. — In-f°.

Dédié à l'Evêque de Metz, Georges d'Aubusson de La Feuillade, archevêque d'Ambrun.

[108] M. Etienne (Philbert).
[109] Arrêt du parlement, du 21 juin 1667.

Nicolas quitta sa profession et même la ville de Metz [110]; son frère Brice le remplaça en 1681, comme *associé de son père*. En 1689, Nicolas revint à Metz, y fonda une imprimerie, et prit même le titre d'imprimeur du parlement, se fondant sur l'arrêt de 1667 qui avait reconnu l'association avec son père. Un nouvel arrêt déclara qu'il avait perdu cette qualité, et que son frère Brice devait seul se l'attribuer.

BOUCHARD (Claude), Libraire et Imprimeur en taille-douce.

BOUCHARD (François), Imprimeur-Libraire.

1650 à 1696.

63. La famille *Bouchard* est un des noms bibliographiques les plus connus dans notre province au 17e et au 18e siècles. Elle a fourni des libraires et des imprimeurs à Pont-à-Mousson, à Lunéville, à Saint-Dié, à Châlons-sur-Marne, et ailleurs; elle est éteinte à Metz depuis trente ans.

64. Claude Bouchard, le premier que l'on puisse citer, était libraire et imprimeur en taille-douce, proche la grande église, au commencement du règne de Louis XIV. Ce fut lui qui se chargea

---

[110] Il devint Huissier au bailliage, puis Maire de Norroy-le-Veneur.

du débit des essais de Sébastien Le Clerc [111], à une époque où l'on ne pouvait guères juger ce grand artiste autrement que par ses dispositions graphiques. Une tradition qui s'est conservée parmi les religieux de l'abbaie de Saint-Arnould rapporte que, lorsque le jeune Sébastien eut pour la première fois manié le burin et gravé comme en cachette une petite planche, il courut, plein de joie, chez Claude Bouchard, pour la faire tirer; celui-ci, qui l'aimait, lui fit observer qu'il avait mal fait de graver de gauche à droite; l'enfant fut très-surpris quand il vit sur la première épreuve l'objet représenté à rebours. A la date de 1654 (Le Clerc avait alors dix-sept ans) parurent quatre gravures en forme d'écran, portant: *à Metz, chez Bouchard.*

[111] Sébastien (V. la note 54, dont celle-ci est le complément) était le fils d'un orfèvre de Metz, qui mourut dans cette ville en 1695, à cent cinq ans. Ce père, homme habile dans son art, fut le premier instituteur de Sébastien. Celui-ci commença à graver à l'âge de sept ans; à douze il donnait des leçons de dessin. On a conservé un dessin fait par lui à la plume, représentant un enfant nu et endormi, les deux mains appuyées sur la poitrine; il est vu un peu de côté en raccourci des pieds à la tête. Une note écrite en bas par Laurent Le Clerc porte que son fils n'avait que huit ans lorsqu'il fit ce dessin. Sébastien est mort à Paris le 25 octobre 1714, n'ayant renoncé que six mois avant sa mort au dessin et à la gravure. (Eloge de Le Clerc, par Le Lorrain de Vallemont. Paris. Cailleau. 1715. In-12.)

Il est probable que ce fut lui qui publia les *Heures à la cavalière*, petit vol. in-64. Metz. 1654. Ces Heures ont pour ornement six saints, rois ou empereurs, à cheval, d'une très-petite dimension.

Claude Bouchard, la même année, mit en vente comme éditeur les *Sept Offices avec les litanies dirigées pour chaque jour de la semaine*, etc., avec huit gravures de Le Clerc.

C'est chez lui que parurent les Remarques d'Abraham Fabert sur les Coustumes générales de Lorraine, en 1657.

On ne peut guère douter que Bouchard n'ait été, de 1650 à 1665, le seul imprimeur en taille-douce employé par Le Clerc, dont il avait été le protecteur. Je suis obligé, pour les détails, de renvoyer au Catalogue rédigé par Jombert.

65. François Bouchard, fils de Claude, devint imprimeur ; contemporain et ami de Le Clerc, il publia plusieurs volumes ornés de ses ouvrages. J'indiquerai :

Prières du matin et du soir, avec les entretiens avant et après la confession et communion.
Par H. L. F., Curé de Saint-Livier [112].
Metz, chez François Bouchard. 1670.—In-12.

Il y a une autre édition de 1679.

[112] M. Lefebure (Henri), Promoteur du diocèse sous M. d'Aubusson. — Il a laissé des Mémoires manuscrits qui sont cités souvent dans l'Hist. de Metz.—I. préface, xiii.—Consulter la Bibl. Lorr. de Dom Calmet, 365, et la Bibl. hist. de la France. — I. N° 4545. — IV. Supp. N° 10548.

Je ne cite ce petit volume qu'à cause du frontispice gravé par Le Clerc.

Heures dédiées à Madame la Dauphine.
Metz, chez François Bouchard. — In-12.

Première édition, 1680; 2ᵉ édition, 1682; 3ᵉ édition, 1683; 4ᵉ édition, 1685. — Avec 9 gravures de Sébastien Le Clerc.

Tableaux où sont représentées la passion de N. S. J. C. et les actions du prêtre à la Sainte-Messe, avec des Prières correspondantes aux Tableaux.
A Metz, chez François Bouchard, sur la place Saint-Jacques, à la Bible d'Or. 1680.
In-12, avec 35 gravures de Séb. Le Clerc.

Ce livre d'Heures a été réimprimé chez le même Bouchard, in-12, en 1687, avec les mêmes planches gravées en bois, de même grandeur et du même sens que les gravures en cuivre. On a seulement ajouté à chacune une bordure d'ornement.

La Logistique ou arithmetique françoise, par Famuel[113], prêtre, cy devant chanoine de la cath. de Toul et prof. du Roy en mathématiques.
Metz, François Bouchard, imprimeur et marchand libraire, sur la place Saint-Jacques, à la Bible d'Or. — Petit in-8°.

---

[113] Histoire de Metz, III, 353. — Calmet. Bibl. Lorr., 865, au mot *Samuel*, au lieu de *Famuel*. C'est une erreur.

Ce volume est sans date. L'histoire de Metz et Dom Pierron[114] le mettent en 1660 ; Calmet, en 1691.

66. François Bouchard, quoiqu'il ne fût pas imprimeur du parlement, donna plusieurs éditions de livres de droit. Voici le titre de quelques-unes de ces éditions :

Recueil des coutumes de Metz et Pays Messin, avec les municipales de Remberviller, Baccarat et Moyen, de la ville et principauté de Marsal, de la ville de Thionville et des autres villes et lieux du Luxembourg françois ; sçavoir : du bailliage de Carignan, des prévôtés royales de Montmédy, Damvillers, Marville, Chauvancy et autres lieux, et de l'ordonnance et édit perpétuel des archiducs Albert et Isabelle, pour meilleure direction des affaires de la justice, en leurs pays par deçà.
Metz, François Bouchard. 1667. — In-12.

L'éditeur de ce Recueil a indiqué mal-à-propos Marville et les villages de sa prévôté comme étant régis par la coutume de Thionville. Cette prévôté a été reconnue soumise à la coutume de Vermandois par un arrêt du parlement de Metz, du 7 janvier 1677.

[114] Dom B. Pierron. *Templum Metensibus sacrum, Carmen*, page 197.

Coutumes générales de la Ville de Metz et du Pays Messin.

Metz. Fr. Bouchard. 1667. — In-12.

C'est la première réimpression de l'édition dite de Fabert le jeune (1613. — In-4°.), mais avec les corrections et additions arrêtées postérieurement dans l'assemblée générale des Etats de la ville.

Coutumes générales du Duché de Lorraine.
Metz. Fr. Bouchard. 1682. — In-12.

Réglement fait par MM. les Commissaires députés, pour la réformation des eaux et forêts du département des Duchés de Lorraine et Barrois, et des prévotés réunies aux Trois-Evêchés.
Metz. François Bouchard. 1686. — 1693. — In-16.

Coutumes de Vermandois, Noyon, Saint-Quentin, Ribémont, Coucy, en ce qui est de l'ancien ressort du bailliage du Vermandois, avec les notes de Claude de Lafons.
Metz. Bouchard. 1688. — In-16.

Veuve François BOUCHARD. 1696 à 170...

67. Rue de la Vieille-Tappe, vis-à-vis de la Croix-de-Fer, à la Bible-d'Or.

Elle conserva l'établissement de son mari.

La Chronique de la noble Ville et Cité de Metz [115].
Metz. Veuve Bouchard. 1698. — In-12.

Cette édition, la seule que je connaisse de la Chronique de Jean, Châtelain de la porte Saint-Thiébault, est rare. Les derniers quatrains appartiennent à l'année 1471.

Il faut que cette histoire, rimée en mauvais vers français, ait eu beaucoup de vogue à Metz, à en juger par le nombre infini de copies manuscrites que l'on en rencontre; pour ma part, j'en ai sept qui présentent des différences assez notables.

Dom Calmet a fait réimprimer en grande partie cette chronique dans les preuves de son Histoire de Lorraine. C'est à tort que Calmet, Goujet, et d'autres écrivains, ont confondu l'auteur de la Chronique avec Jean Châtelain, religieux Augustin, né à Tournay, et qui a péri à Metz le 12 janvier 1525, par le supplice du feu.

[115] Histoire de Metz, I. Préface, xii. — III, 13. — Calmet. Bibl. Lorr., 273. — Hist. de Lorr., I, xciij. Calmet, en citant l'édition de 1698, ajoute qu'il ne doute pas qu'il n'y en ait eu d'autres auparavant. Je ne le crois pas. — III, cclxxxj à cccxxxvj. — Biog. univ., VIII, 280. — Bibl. hist. de la France. — Les n°s 38768, 38872 et 38878 concernent tous trois la chronique du châtelain de la porte Saint-Thiébault. — Goujet. Bibl. françoise, XV, 2 à 6.

Cérémonial de l'église Cathédralle de Metz, renouvellé par Messieurs les vénérables Princier, Doyen, Chanoines et Chapitre de ladite église, en l'année 1694.

Approuvé et autorisé par Monseigneur l'Archevéque d'Ambrun, Evéque de Metz.

Metz, veuve de François Bouchard. MDC. XCVII.

In-4°; 246 pages, non compris la préface et le calendrier au commencement; la table des matières à la fin.

ANTOINE (Brice). 1681 à 1724.

68. Associé de Jean, son père, en 1681, avec le titre d'Imprimeur du Parlement. L'arrêt lui accorde la faculté de publier tous édits, déclarations, etc., sans pouvoir imprimer autre chose que du consentement de son père [116].

Nommé imprimeur du Roi en 1686 [117], sur la demande de M. Charuel, Intendant [118]; du Bailliage, en 1691; puis de l'Evêque, en 1692 [119], c'est

---

[116] Arrêt du 4 juillet 1681, rendu sur le rapport de M. Jacques Péricard, conseiller.

[117] Lettres-patentes du 15 octobre 1686, datées de Fontainebleau.

[118] Charuel (Jacques), intendant de la province, de 1682 à 1691.

[119] 23 mai 1692. M. d'Aubusson de La Feuillade était évêque.

à ce dernier titre qu'il obtint, à la sollicitation de l'illustre Coislin [120], un privilége de vingt ans pour tous les livres à l'usage du diocèse, comme Bréviaire, Diurnal, Missel, Rituel, Graduel, Antiphonier, Processionnel, Heures, Manuels, petits Catéchismes, A B C pour instruire les enfans, statuts, ordonnances, publications d'indulgences, prières pour le jubilé, sentences, permissions et autres actes émanés de l'Evêque ou de ses grands Vicaires et Officiaux.

La réimpression des ouvrages de liturgie du diocèse fut complète; dans tous on reconnaît l'empreinte du zèle éclairé autant qu'actif du grand Coislin [121]. Installé en 1698, il publia l'année d'a-

---

[120] Lettres-patentes du 7 janvier 1698.

[121] Le nom de Coislin ne mourra pas dans notre province : la reconnaissance publique l'immortalise. Henri-Charles du Cambout de Coislin, arrière petit-fils du savant chancelier Seguier, a été évêque de Metz, de 1698 à 1732. Nous venons de toucher à l'époque séculaire où Metz reçut de lui l'inappréciable bienfait de casernes qui pussent recevoir la garnison ; jusqu'alors les troupes étaient logées chez les citoyens. La première pierre du *Quartier Coislin* a été posée le 29 novembre 1726, sous le maître-échevinat de Philippe d'Auburtin de Bionville.

La dernière édition de Moréri (III, 95) et la Biog. univ. (IV, 198) donnent à Coislin le titre de Prince de Metz, qu'il n'a jamais pris ni dû prendre ; il fallait mettre *Prince du Saint-Empire romain*. Le processif Claude de Saint-Simon, successeur de Coislin, essaya de s'intituler Prince de Metz : le parlement ne le souffrit pas.

près un choix des statuts synodaux de ses prédécesseurs, sous le titre suivant :

Codex selectorum Canonum Ecclesiæ Metensis, quos observari mandavit illustrissimus ac reverendissimus D. D. Henricus Carolus du Cambout de Coislin, Episcopus Metensis, Sacri Romani Imperii Princeps, Regi à Consiliis et Primus ejus Eleemosinarius. *In Synodo Metensi congregata die Mercurii. I Julii. Ann.* 1699.
Metis, apud Bricium Antonium. MDC. XCIX.
In-16. — 110 pages, sans le mandement de l'Evêque et la table.

Ce court recueil est empreint de l'esprit du Prélat. Il ajoute et corrige peu de choses, dit-il, persuadé que la multitude des préceptes est souvent une occasion de transgression. Il fait mention des statuts synodaux publiés antérieurement, en 1588, 1604, 1629, 1633, 1666, 1671 et 1679.

La dernière publication des statuts synodaux a paru en 1820, sous un Evêque bien digne d'occuper la chaire de Coislin [122].

Le mandement qui précède les Heures à l'usage du diocèse mérite aussi d'être lu avec attention;

---

[122] Statuta synodalia diœcesis Metensis Reverendissimi D. D. Gaspardi-Joannis-Andreæ-Josephi Jauffret, Episcopi Metensis, auctoritate edita.
Metis. Collignon. 1820.—In-8°; 182 pages.

le livre lui-même peut être cité comme un modèle [123].

« Nous avons fait examiner, dit le pieux et
« savant Evêque, les livres d'instructions et de
« prières connus sous le nom ordinaire d'*Heures*,
« qui sont répandus dans ce diocese. Dans le
« grand nombre nous en avons remarqué plu-
« sieurs peu propres à remplir le cœur d'une
« piété solide : quelques-uns même capables de
« l'affoiblir, étant d'un côté vuides d'instructions ;
« et d'autre côté remplis de prières peu édifiantes ;
« de promesses vaines et superstitieuses attachées
« à certains nombres de jours ; d'indulgences ou
« révoquées ou tout-à-fait incertaines, que l'on
« compte par plusieurs centaines ou milliers d'an-
« nées ; d'histoires suspectes ou fausses ; de mi-
« racles suposez ; même d'erreurs contraires à la
« doctrine de l'Eglise. »

Le Rituel du diocèse, imprimé in-folio, 1713,

---

[123] Heures contenant l'office de l'église, avec des prieres et des instructions tirées de l'Ecriture-Sainte, et des Saints Peres. imprimées par l'ordre de Monseigneur l'Illustrissime et Reverendissime Evêque de Metz. à l'usage de son diocese. Quatrième édition.

A Metz, chez Brice Antoine, Imprimeur du Roy et de mondit-Seigneur. 1709. Avec privilége.

Petit in-4°; 668 pages, non compris 20 feuillets au commencement pour frontispice, mandement, table, etc.

est l'ouvrage de M. Pierre Brayer [124], grand-archidiacre et vicaire du diocèse, que M. de Coislin dirigea.

« Ce Rituel, disent Jean François et Tabouillot,
« est plein d'une science vraiment ecclésiastique.
« La lettre pastorale qui se voit en tête est une
« des plus belles et des plus savantes; le corps
« de l'ouvrage et l'avertissement aux Curés sont
« du même goût et du même caractère : ce n'est
« pas un simple rituel, mais un corps abrégé de
« théologie.

Le précédent Rituel, dû aux soins de M. d'Aubusson de la Feuillade, était sorti des ateliers de Jean et Brice.

Une édition de l'imitation de J.-C., en français, parut chez Brice en 1708, petit in-8°. Elle est précédée d'un mandement.

69. Si la qualité d'imprimeur de l'évêché fit passer sous les presses de Brice une foule de livres religieux, celle d'imprimeur du Parlement, outre les ouvrages courans, donna à cet imprimeur l'occasion de publier un grand nombre de volumes de jurisprudence. Un privilége du 12 janvier 1698 l'autorise à imprimer durant 15 ans les *Coutumes*

---

[124] Histoire de Metz. III, 364. — Calmet. Bibl. Lorr., supp. 7. — M. Brayer est auteur d'une Oraison funèbre de Mgr le Dauphin (fils de Louis XIV). Metz, Brice Antoine. 1711. — In-4°. — Il est mort en janvier 1731.

du ressort du Parlement de Metz, et le Style pour l'instruction des procez dans les juridictions [125]. Des détails à cet égard me semblent superflus ; ils ne feraient qu'ajouter à l'aridité que je ne puis éloigner de cet Essai. Un seul ouvrage fera exception à ce silence :

Traité de la différence des biens meubles et immeubles de fonds et de gagières, dans la coûtume de Metz. Avec un sommaire du droit des offices, ainsi qu'il peut être réglé dans la même coutume.
(Sans nom d'auteur.)
Metz, Brice Antoine. — M. DC. XCVIII. — In-8°. — 274 pages, non compris 22 pages d'avertissement et de sommaire du Traité, et 6 pages à la fin pour la table des chapitres.

Cet ouvrage estimé et encore consulté, est de Joseph Ancillon [126], avocat à Metz, né dans cette ville en novembre 1629, et mort le 4 novembre 1719 à Berlin, où l'avait conduit la révocation de l'édit de Nantes, ainsi que son frère, le célèbre David Ancillon [127], et son neveu Charles.

[125] En 1790, on suivait dans ce ressort douze coutumes : Metz et Pays messin, évêché de Metz, Lorraine, Toul, Verdun, Paris, Vitry-le-François, Vermandois, Luxembourg ou Thionville, Saint-Mihiel, Sedan, la Petite-Pierre.
[126] Calmet. Bibl. Lorr. 46.—Hist. de Metz. III, 210.
[127] Sur David Ancillon, voyez les Mémoires du père

Joseph Ancillon a composé un Commentaire complet sur la coutume de Metz. Il n'a pas été livré à l'impression; mais il en existe nombre de copies.

La famille Ancillon [128] existe encore en Prusse, où elle jouit d'une grande considération par les postes honorables qu'elle y occupe, et par le succès avec lequel elle continue à cultiver les lettres. Qui ne connaît l'illustre Jean-Pierre-Fréderic Ancillon, à qui le Roi de Prusse a confié l'éducation de son fils aîné, le Prince Frédéric-Guillaume, et de son neveu? A Berlin, M. Ancillon reçoit les Messins avec distinction et les traite en compatriotes.

La bibliothèque de droit de MM. Camus et Dupin fait mention de 4 éditions du *Traité de Joseph Ancillon*. Metz. 1608. In-12. — Metz. 1678. In-24. — Metz. 1698. In-12. — Nancy. 1731. In-16. — Ces citations sont fautives.

70. Brice, élevé entre la casse et la presse, était un praticien consommé; mais il est probable que

---

Niceron. VII, 378. — Les Dictionnaires de Moréri et de Baile, et surtout le Discours sur la vie de Monsieur Ancillon et ses dernières heures, qui forme le 3ᵉ volume du Mélange critique de littérature, etc. — Basle. 1698. 3 vol. in–12. C'est un *Ancilloniana*.

[128] Biog. univ., tome II, 104. — Les articles des Ancillon sont de M. Tabaraud.

ce n'était pas un érudit de profession. Lorsque le nombre des imprimeurs de Metz fut réduit à deux, son compétiteur, Jean Collignon, prétendit que « Brice n'était pas congru en langue latine, « et qu'il ne savait pas lire le grec. » Leur procès devant le Conseil-d'Etat dut égayer les Juges. L'Avocat de Brice [129] tira parti pour son client d'exemples péremptoires, en faveur des imprimeurs non lettrés; il est bon de publier de pareils moyens : en profitera qui voudra dans l'occasion.

« Il est certain, dit la requête de défense pré-
« sentée au Roi [130], que dans tous les temps il s'est
« trouvé de très-célèbres et de très-habiles impri-
« meurs sans qu'ils sussent ni grec ni latin. Il n'y
« a peut-être jamais eu personne qui ait fait plus
« d'honneur à l'imprimerie que Plantin [131], et qui
« ait porté plus loin la beauté, l'estime et la cor-
« rection des impressions, ni qui ait eu plus de
« réputation; et cependant Balzac [132] n'a pas fait
« de difficulté de révéler au public que Plantin

[129] M. Aubry.

[130] 31 décembre 1704.

[131] Christophe Plantin, mort à Anvers le 1er juillet 1589, à 75 ans. Son chef-d'œuvre est la Bible polyglotte d'Arias Montanus. 8 vol. in-f°. 1569 à 1572.

[132] Balzac. Lettres à Chapelain. I, 27. On regarde aujourd'hui l'assertion de Balzac comme une anecdote fort hasardée.

« sçavoit peu de latin, mais qu'il le dissimuloit
« soigneusement et que son ami Juste-Lipse lui
« avoit fidèlement gardé le secret, et que lorsqu'il
« lui écrivoit en latin, il lui envoyoit en même
« temps la traduction en flamand. De nos jours
« personne n'a mieux imprimé ni n'a tant im-
« primé que François Muguet, et c'étoit lui-même
« qui les corrigeoit avec tout le succès imaginable;
« et cependant François Muguet ne sçavoit ni grec
« ni latin. Ainsi il faut convenir que le long
« travail et la seule habitude perpétuelle peuvent
« rendre un imprimeur très-habile, et le suppliant
« (Brice Antoine) a cet avantage au-dessus du
« sieur Collignon, son beau-frère, puisqu'il n'a
« jamais fait autre chose que de travailler à l'im-
« primerie depuis sa tendre jeunesse, et qu'il
« exerce publiquement l'imprimerie depuis plus
« de 23 ans et a été reçu maître bien des années
« avant Collignon. »

Cette querelle n'a pas été la seule entre les Collignon et les Antoine; leur parenté fut un lien trop faible contre la rivalité qui exista longtemps entr'eux.

71. Brice est mort le 21 mai 1725, ayant toujours eu son domicile sous les arcades de la place d'armes, au signe de la Croix.

Le 5 mai 1723, il avait donné sa démission du titre d'Imprimeur du Roi, en faveur de François, l'un de ses fils.

Il avait épousé en premières noces Magdeleine Collignon, fille de Pierre; en secondes, Magdeleine Grandjean.

ANTOINE le jeune (JEAN). 1691 à 174...

72. Peu cité parmi nos imprimeurs. On le croit fils de Nicolas, dont il reprit le petit établissement en 1691.

Lorsque le nombre des imprimeurs fut réduit à deux, en 1704 [133], on conserva Jean comme surnuméraire, à cause de sa qualité de fils et de petit-fils d'imprimeurs.

A sa mort, son imprimerie fut supprimée; il avait alors plus de 80 ans.

Veuve de BRICE ANTOINE
(MAGDELEINE GRANDJEAN, seconde femme).

1725 à 1742.

73. A la mort de son mari, elle prit immédiatement l'administration, en vertu du privilége des veuves [134]; elle s'attribua même le titre d'imprimeur du Roi, ce qui donna lieu à un procès

---

[133] Arrêt du Conseil d'Etat, du 21 juillet 1704.

[134] « Les veuves des maîtres Imprimeurs, Libraires et « Relieurs pourront continuer la profession de leurs maris, « tenir boutique, avoir des compagnons et faire achever

suscité par François Antoine, qui obtint un arrêt portant défense à sa belle-mère de prendre cette qualité.

Jusqu'à sa mort, arrivée en mars 1742, cette veuve soutint l'activité de son établissement; on trouve un assez grand nombre d'ouvrages qui le prouvent :

Coutumes générales de la Ville de Metz et Pays messin, corrigées ensuite des résolutions des Trois-États de ladite ville, ès années 1616. 1617. et 1618. Avec les procez-verbaux de correction. Enrichies d'un commentaire sur les principaux articles. Ouvrage très-utile et très-nécessaire pour l'intelligence de ces coutumes [135].
Première édition.
Metz. — Veuve Brice Antoine. 1730. — In-4°.
Le même ouvrage. 1732. — In-8°.

« aux apprentis de leurs maris défunts le temps de l'ap-
« prentissage. Ne pourront néanmoins lesdites veuves
« prendre aucuns nouveaux apprentis, ni tenir boutique
« au cas qu'elles se marient, si leurs seconds maris ayant
« les qualités requises n'ont pas été reçus maîtres. »

[135] Dilange (Nicolas), Conseiller au parlement de Metz, né dans cette ville le 12 octobre 1666, beau-père de M. Lançon. Il est auteur d'un commentaire sur la Coutume de l'Evêché de Metz. Son livre, imprimé en Hollande après sa mort, porte le titre suivant : « Coutumes générales de l'Evêché de Metz, commentées par M. Dilange, Conseiller au parlement de Metz, enrichies d'une table raisonnée des matières mise par ordre alphabétique. »

Oraison funèbre de M. de Coislin [136], Évêque de Metz.
Par Jean-Christophe Fremin de Morus [137].
Metz, veuve Brice Antoine. 1733. — In-4°.

74. En 1744, il y avait sur la place d'Armes, au signe de la Croix, un libraire nommé Dominique Antoine, fils, sans doute, de Brice et de Magdeleine Grandjean, dont il avait conservé l'enseigne.

Dans le même temps, un Pierre Antoine était établi à Nancy, avec la qualité d'imprimeur du Roi et de la Cour souveraine. J'ai de ce dernier 1° les tomes V, VI et VII du Recueil des ordonnances et réglemens de Lorraine. 1748. — In-4°. 2° L'Histoire des lois et usages de la Lorraine et du Barrois, dans les matières bénéficiales; par

La Haye, Comp. des Libraires, 1772. — In-8°; 389 pages, non compris la préface ni la table des titres. A la fin, lxxi pages contenant, 1° les Coutumes municipales des villes et chatellenies de Rembervillers, Baccarat et Moyen, commentées par M. Dilange; 2° une table des matières.

[136] Consultez, sur M. de Coislin, le discours prononcé à l'académie française en 1733, par son successeur J.-B. Surian, évêque de Vence; son éloge à l'académie des inscriptions, par Gros de Boze; la Bibliothèque Lorraine de Calmet, Supplément, 10 à 14.

[137] Fils de Guillaume Fremin; né à Metz le 21 juillet 1666, mort le 20 mars 1748.

François-Thimothée Thibault. — In-folio. 1713. 3° Tableau de l'avocat, divisé en six chapitres qui traitent de l'esprit, de l'étude, de la science, etc.; par le même auteur. — 1737. — In-12.

COLLIGNON (Jean), 1692 à 172....

75. Nommé en 1692 imprimeur juré de l'Hôtel de ville, pour en jouir conjointement avec Pierre, son père [138]. Néanmoins, nonobstant cette adjonction, on trouve des imprimés faits pour l'administration municipale et portant son nom seul.

Il avait pour enseigne : *A la Science ;* ce qui prouve qu'il avait des prétentions à l'instruction. Avant lui, l'imprimeur Lazare Zetzner, de Strasbourg, avait pris la même marque.

Jean était imprimeur du Collége et était chargé soit de l'impression, soit de la fourniture des livres usuels.

Traité de la maladie de la rage, par Jean Ravelly, Médecin stipendié de la ville.
Metz, Jean Collignon. 1696. — In-12.
Petit ouvrage dédié à Messieurs de l'Hôtel-de-ville.

Atours et sentences des Maltôtes de la Ville et Cité de Metz.
Metz, Jean Collignon. 1717. — In-4°.

[138] Acte du 9 mars 1692.

Journal de ce qui s'est fait à Metz, au passage de la Reine, avec un Recueil de plusieurs pièces sur le même sujet.

Metz, Jean Collignon, imprimeur de l'Hôtel-de-ville et du Collége, place Saint-Jacques, à la Science. 1755. — Avec permission.

In-4°; 23 pages.

La Reine Marie Leczinska arriva à Metz le 21 août 1725, et en partit le 24.

Le journal est terminé par la liste nominative de tous les jeunes gens de Metz, divisés en huit brigades et formant la garde d'honneur. L'imprimeur Jean Collignon y avait placé ses deux fils; par l'effet d'un amour-propre de famille, fort excusable sans doute, les noms de Pierre Collignon et de Jean-Baptiste Collignon sont les seuls dans la liste des *cadets* qui soient imprimés en petites capitales; moins favorisés, deux *Antoine*, perdus dans la foule, ne sont inscrits qu'en *bas de casse*.

Cette relation, sans nom d'auteur, est de M. Baltus, notaire, et alors échevin de l'hôtel-de-ville [139].

[139] Jacques Baltus, fils de Louis, avocat au parlement de Metz, et de C.... Fornachon, né à Metz le 31 janvier 1690, était frère du jésuite Jean-François Baltus, fort connu par sa réponse à l'histoire des oracles, de Fontenelle.

Jacques Baltus tenait note des évènemens qui pouvaient intéresser sa patrie, et surtout des embellissemens

XVIII⁰ SIÈCLE.

COLLIGNON (Pierre). 1719.

76. Fils de Jean, il eut la survivance de son père en 1719, et mourut jeune [140].

Veuve Pierre COLLIGNON. 172... à 174...

77. Après la mort de Jean Collignon, sa veuve .... Marchant, prit l'imprimerie conjointement avec sa belle-fille, ... Lalloüette, veuve de Pierre.

qu'elle recevait. Il est fâcheux pour Metz que personne ne s'occupe plus de ses annales. Les esprits superficiels ou exclusifs semblent mépriser ces notes journalières, qui finissent par former des recueils précieux, destinés à préserver de l'oubli et les faits intéressans pour une ville, et les services rendus par ses magistrats.

Au siècle dernier, Metz a été bien servi par des hommes intéressés à sa gloire, et qui n'ont rien négligé pour la célébrer; mais ces générations utiles sont éteintes. J'appelle de tous mes vœux un digne successeur de Lançon, Baltus, Louis Philippe, Jean François, Cajot, Tabouillot, Maugérard, Duhamel, Pierron, Dupré de Geneste, Le Payen, et surtout du vénérable comte Emmery. Puisse bientôt un écrivain messin se pénétrer de ce vers d'Ovide :

Et pius est patriæ facta referre labor.

[140] Arrêt du Conseil et lettres-patentes du 17 juin 1719, enregistrés au parlement le 31 mai 1726.

Toutes deux attendaient que leur fils et petit-fils Joseph fût en âge d'obtenir sa réception.

Journal de ce qui s'est fait pour la réception du Roy, dans sa ville de Metz, le 4 aoust 1744.

Avec un Recueil de plusieurs pièces sur le même sujet, et sur les accidens survenus pendant son séjour.

A Metz, de l'imprimerie de la veuve de Pierre Collignon, imprimeur de l'Hôtel-de-Ville et du Collége, place Saint-Jacques, à la Bible-d'Or.
M. DCC. XLIV.

In-folio, 83 pages ; 8 planches in plano...... Ces gravures de monumens, de fêtes et de médailles portent le nom de l'artiste : F. L. Maugin, Fec. P. 1744. Elles sont médiocres et ne peuvent soutenir la comparaison avec celles des réceptions de 1603 et de 1624.

Cette relation comprend une époque célèbre dans la vie de Louis XV. Le Roi, arrivé à Metz le 4. août, en partit le 28 septembre. C'est pendant ce séjour que, frappé par une fièvre pernicieuse qui le mit aux portes du tombeau, Louis XV reçut des Messins d'abord, puis de la France entière, les preuves les plus touchantes de leur amour.

« Quelque grande que fût la consternation dans
« toute la ville, depuis le commencement de la
« maladie du Roi jusqu'à ce jour (14 août),
« elle devint si accablante qu'on ne peut en don-
« ner qu'une idée imparfaite ; les avenuës du châ-

« teau, qui dès les premiers jours étaient difficiles,
« par la foule des peuples, devinrent inaccessibles;
« on les voyoit en larmes se regarder les uns les
« autres sans pouvoir se rien dire, entrer dans
« les églises où Mr. l'Evêque [141] avoit ordonné des
« prières et l'exposition du Saint-Sacrement, se
« prosterner aux pieds des autels pour fléchir la
« miséricorde de Dieu et implorer ses bontez pour
« la conservation des jours d'un Roi si cher à
« son royaume. »

C'est à Metz, le 25 août, peu de jours après la convalescence, que la voix d'un orateur messin [142] décerna au Roi ce nom de Bien-Aimé, qu'alors la voix du peuple entier consacra.

« Jamais prince ne fut plus sincèrement re-
« gretté, plus amèrement pleuré, plus ardemment
« demandé; et si l'histoire lui donne un jour
« quelque titre, quel titre mieux mérité, plus
« justement acquis, et qui fasse plus d'honneur
« à un Roi, que celui de LOUIS LE BIEN-AIMÉ? »

> Jadis Germanicus fit verser moins de larmes;
> L'univers éploré ressentit moins d'alarmes,
> Et goûta moins l'excès de sa félicité,
> Lorsqu'Antonin mourant reparut en santé.
> Dans nos emportemens de douleur et de joie,
> Le cœur seul a parlé, l'amour seul se déploie.
> Paris n'a jamais vu de transports si divers,
> Tant de feux d'artifice et tant de mauvais vers.
>   (*Voltaire.*)

[141] M. de Saint-Simon.
[142] M. Josset, chanoine du chapitre de la cathédrale en 1736; trésorier en 1745.

Les fidèles Messins ne sont pas à l'abri de ce dernier reproche ; la relation de 1744 est terminée par 27 pages de vers !........ odes, stances, strophes, pastorale........

ANTOINE (François). 1723 à 1755.

78. La démission de Brice en faveur de son fils François est du 5 mai 1723. La nomination de ce dernier comme imprimeur du Roi est du 8 février 1725 [143].

François est mort célibataire à 63 ans, le 16 octobre 1755. Son frère Joseph reprit son établissement.

Sa demeure est indiquée rue du Petit-Paris, derrière Saint-Sauveur; puis rue Pierre-Hardie, au signe de la Croix.

François eut en 1753, avec l'autorité municipale, une contestation qui fit grand bruit à Metz et qui échauffa les esprits en sens divers. L'imprimeur du Roi, par suite de cette qualité, jouissait de plusieurs franchises et priviléges que l'administration respectait. Antoine, déja sexagénaire, réclama, moins à cause de son âge que des priviléges de son état « l'exemption du logement « des gens de guerre, guet, garde, corvées et

[143] Lettres-patentes du 18 février 1725, enregistrées au parlement le 4 juin suivant, sur le rapport de M. Joachim Descartes, conseiller, ancien commissaire ordonnateur, commandeur de l'ordre du Mont-Carmel.

« autres charges et services publics. » Sa demande n'avait pas encore été jugée par l'Intendant, lorsque le Maître-Echevin, M. de Marieulles [144], le fit commander pour prendre les armes avec les autres bourgeois, en le menaçant de la prison. Antoine ne prit point les armes et fut mis en prison le 12 juillet. Sur sa plainte, l'Intendant, M. de Creil [145], alors à Paris, rendit une ordonnance prescrivant la mise en liberté de l'Imprimeur du Roi et condamnant le Maître-Echevin en 300 livres de dommages-intérêts envers Antoine : « A quoi, dit l'Ordonnance, ledit sieur « de Marieulles sera contraint par toutes voyes « dues et raisonnables. » L'ordonnance fut imprimée par Antoine lui-même et affichée dans la ville, sous les yeux de son premier magistrat. Cette anecdote peut faire juger l'état de l'administration du siècle dernier.

Mémoire sur l'état de la Ville de Metz, et les droits de ses évêques, avant l'heureux retour des Trois-Evêchez, sous la domination de nos Roys [146]. Metz, François Antoine. 1737.

[144] Mamiel de Marieulles (Claude-Joseph), maître-échevin, de 1745 à 1758. Il était en même temps lieutenant de Roi, commandant de la citadelle.

[145] M. de Creil (Jean-François), conseiller d'état, intendant des Trois-Evêchés, de 1720 à 1754.

[146] Dom Calmet a inséré textuellement ce Mémoire dans la notice de la Lorraine, à l'article Metz. I, 793 à 805.

In-folio, sans frontispice, 14 pages. (Par M. Lançon.)

M. de Saint-Simon [147], Evêque de Metz, avait pris le titre de *Prince de Metz*. Cette affectation d'une prétendue souveraineté était renouvelée de celle du Marquis de Verneuil, que Martin Meurisse avait cherché à étayer dans son *Histoire des Evesques;* elle révolta le Parlement et les magistrats municipaux. L'écrit de M. Lançon est un chef-d'œuvre de logique et de précision; il prouva que Metz, ville libre et impériale, avait eu un régime législatif et de discipline intérieure qui lui était propre; que la dignité de Maître-Echevin, les paraiges, la forme aristocratique de leur composition, les offices de la république, le pouvoir autonome, les traités de paix et d'alliance, tout annonçait pendant plusieurs siècles, chez les Messins, nos ancêtres, qu'ils étaient les maîtres chez eux, et nullement les sujets de l'Evêque, dont la seigneurie était à Vic. M. Lançon en concluait que la qualité de Prince de Metz, adoptée par M. de Saint-Simon, était démentie par les titres, contraire aux monumens du temps, destructive des traités et attentatoire à l'autorité du Roi.

[147] Claude de Saint-Simon, évêque de Noyon en 1732, et de Metz l'année suivante, après la mort de M. de Coislin. Il est mort à Metz le 29 février 1760; c'est le frère de l'auteur des Mémoires.

« Le mémoire, dit M. Duhamel [148], eut tout
« l'effet qu'il devait avoir; il vengea la Cité et
« réduisit l'Evêque au silence, parce que s'il est
« possible de s'argumenter sur une opinion, on
« ne détruit pas un fait. »

« Malgré tous les efforts de Meurisse, dit M.
« Gabriel, c'est une vérité dont personne ne
« doute, que jamais ces prélats ne parvinrent à
« établir leur autorité temporelle dans cette ville
« ni dans le pays messin. »

[148] M. Bardou Duhamel (Dominique-Nicolas-Hyacinthe-Louis), mort à Metz, sa patrie, le 25 août 1811, à l'âge de 77 ans, a publié, 1° l'Eloge historique de Jean-Baptiste Becœur, célèbre apothicaire et savant naturaliste, né à Metz en 1718, et mort le 16 décembre 1777; 2° un Mémoire historique sur M. Lançon (Nicolas-François), maître-échevin de Metz, né dans cette ville le 17 mars 1694, et mort le 6 mars 1767 (1779, in-16, 27 pages, sans nom d'auteur, de ville, ni d'imprimeur); 3° l'Eloge du maréchal Abraham Fabert (In-12. 1779).
Ces trois écrits ont été lus dans des séances publiques de la société royale académique de Metz, dont M. Duhamel fut nommé membre titulaire en 1778.
M. Duhamel a lu également dans cette société, 1°, le 25 août 1780, un Mémoire sur l'état des familles patriciennes de la république messine. Ce discours tend à prouver, par une suite de monumens précis, que les familles patriciennes des Baudoche, des de Heu, des Gournay ou Le Gornaix, des Roucel, des d'Esch, des Raigecourt, etc., exerçaient la souveraineté dans la ville, que la chevalerie était l'âme de l'administration publi-

Table chronologique des édits, déclarations, lettres-patentes et arrêts du Conseil, registrés au Parlement de Metz depuis sa création jusqu'en 1740 [149]. *Ensemble des arrêts de réglemens rendus par ladite Cour*, etc.

Metz, Fr. Antoine, Imp. du Roy et de Nosseigneurs du Parlement. M. DCC. XL.

Petit in-4°, 339 pages, sans la table alphabétique des matières.

(Par M. Lançon.)

que, et qu'à Metz comme à Rome, la clientelle d'une part, le patronage de l'autre, unissaient le peuple aux grands; l'une entretenait l'activité du citoyen; l'autre, exercé avec dévouement, assurait la popularité du patricien. De ces familles antiques, on ne connaît plus que celle de Raigecourt, élevée en 1815 aux honneurs de la pairie.

2° Le 14 avril 1788, un Mémoire sur la constitution militaire de la république de Metz.

Ces deux Mémoires n'ont pas été imprimés.

M. Duhamel a été longtemps bibliothécaire de la ville de Metz, et a eu pour successeur M. le comte de Jaubert. Son père, Charles-Louis Bardou Duhamel, est auteur de l'ouvrage intitulé : Traité sur la manière de lire les auteurs avec utilité. — Paris. 3 vol. in-12. — 1747. 1751.

[149] Cette table a une continuation dont voici le titre : Suite de la Table chronologique des édits, déclarations, lettres-patentes sur arrêts, régistrés au parlement de Metz, ensemble des arrêts de réglemens rendus par ladite cour, et autres arrêts du Conseil. Metz, Joseph Collignon, Imp. ordinaire du Roi, à la Bible-d'Or. MDCCLXIX. Petit in-4°, 110 pages. Malgré cette date de 1769, la

Usages locaux de la Ville de Toul et pays Toulois, homologués et autorisés par lettres-patentes du 30 septembre 1746, ensemble le procès-verbal de rédaction.

Metz, Fr. Antoine. . In-12.

Travail de rédaction et de mise en ordre, dû à M. Lançon.

Coutumes générales de la Ville de Verdun et pays Verdunois, rédigées et réformées en exécution de la déclaration du Roi, du 24 février 1741, homologuées et autorisées par lettres-patentes du 30 septembre 1747, ensemble le procès-uerbal de réformation.

Metz, Fr. Antoine. . — In-12.

Travail dû également à M. Lançon.

ANTOINE (Joseph). 1755 à 1785.

79. Comme son aïeul Jean, et comme Brice son père, Joseph Antoine, né à Metz le 18 février 1715, eut une carrière longue et toujours estimée.

table va jusqu'au 21 octobre 1771, époque de la suppression du Parlement de Metz et de la réunion de son ressort à la Cour souveraine de Nancy. La suite de la table a été dressée par M. Chenu (Louis), avocat au Parlement de Metz, censeur royal et inspecteur de la librairie.

M. Chenu est aussi le rédacteur du catalogue de la Bibliothèque de l'ordre des avocats du Parlement de Metz, cité plusieurs fois dans les notes de ce volume.

Déjà admis en qualité de libraire-relieur, il postula, dès 1742, sa réception comme imprimeur : il ne put alors l'obtenir, le nombre des imprimeurs étant complet et au-delà [150].

Il quitta Metz et passa dix ans à Paris, dans la pratique assidue de son art.

Tout obstacle cessa à la mort de son frère consanguin François, dont il reprit l'établissement. Il fut reçu maître-imprimeur en vertu d'un arrêt du Conseil, du 23 février 1756; nommé imprimeur du Roi le 18 novembre 1758; de l'Hôtel de ville le 22 mars 1768, après la démission de Joseph Collignon; seul imprimeur du Roi en 1772; enfin du Parlement de Metz le 15 novembre 1775, lors du rétablissement de cette compagnie.

On trouve des livres hébreux imprimés à Metz, sous le nom de Joseph Antoine. J'en expliquerai la cause à l'article de l'imprimerie hébraïque.

Ce fut chez lui que commencèrent, en 1769, les *Affiches des Trois-Évêchés*, feuille hebdo-

---

[150] Il ne devait y avoir à Metz que deux imprimeurs. On y trouvait : François Antoine, imprimeur du Roi; les veuves Collignon, attendant la majorité de Joseph; puis Jean Antoine, toléré comme surnuméraire. — Les libraires-relieurs, en 1742, étaient : J. Bertier, P. Barbier, P. Bouchard aîné, Bouchard jeune, et Joseph Antoine, qui avait repris la librairie de sa mère, Magdeleine Grandjean.

madaire. Le n° 1ᵉʳ est du 30 septembre 1769. Il cessa l'année suivante d'en être chargé. Le n° 27 de 1770 (7 juillet) porte le nom de Joseph-Pierre Collignon.

Joseph mourut en 1785, laissant son imprimerie à sa veuve et à son fils Charles-Marie-Brice, en société sous la raison veuve Antoine et fils.

Projet d'une histoire générale de la ville de Metz; par des religieux Bénédictins, de la congrégation de Saint-Vanne, membres de la société littéraire de cette ville.
Metz, Joseph Antoine. 1760. — In-4°. — 14 pages.

Ce prospectus, fort détaillé, est curieux et est devenu rare. Les deux auteurs (Jean François et Tabouillot) promettent, dans ce plan, de publier les médailles des anciens rois de Metz, les sceaux et les monnaies propres à cette ville; ils annoncent qu'ils profiteront du travail de M. Dupré de Geneste (Henri-Marie), sur la numismatique messine. Cette promesse n'a pas été remplie; M. Dupré de Geneste n'a rien publié sur notre histoire métallique; il est à craindre que les manuscrits qu'il a dû laisser en mourant n'aient été perdus ou détruits.

Choix des OEuvres poëtiques de Mᵉ Michel Clerginet, ancien Avocat au Parlement de Metz.
Metz, Joseph Antoine. 1762. — In-4°

M. Clerginet, reçu avocat en 1712, est mort en 1768; il était de la même famille qu'Alix Clerginet, qui fonda, rue Taison, à Metz, en 1657, la maison des sœurs de la Propagation de la foi.

Vindicia historiæ Trevirensis, sive Trevirensis de tribus primis Trevirorum episcopis, Eucharlo, Valerio et Materno, S. Petri apostoli discipulis, ab eodem Treviros ablegatis, vindicata contra impactam recentiùs crisim; authore Mauro Hillar, ord. S. Benedicti, abbatiæ ad S. Matthiam prope Treviros priore.
Metis, Jos. Antoine. 1763. — In-4°

Cet ouvrage a pour but de soutenir l'ancienneté des trois premiers évêques de Trêves, et de réfuter une dissertation du Père Jean-Baptiste de Marne [151], où ce jésuite examine dans quel temps S. Materne prêcha l'Evangile dans les Gaules. Le père de Marne fixe ce temps à la fin du 3e siècle et au commencement du 4e; c'est aussi le sentiment de M. de Hontheim [152], Evêque de Myriophite et suffragant de Trêves, et de tous les critiques modernes.

L'écrit du père Hillar n'a donc pas prévalu.

[151] La dissertation du père de Marne est insérée dans son histoire du comté de Namur. Liège, Bassompierre. 1754. — In-4°.

[152] Historia Trevirensis diplomatica et pragmatica..... per Joannem Nicolaum de Hontheim. Weitheim. 1750. — 3 vol. in-f°.

Traité des stratagêmes permis à la guerre, ou Remarques sur Polyen et Frontin, avec des observations sur les batailles de Pharsale et d'Arbelles, par M. Joly de Maizeroy (Paul Gédéon), lieutenant-colonel d'infanterie [153].

Metz, Joseph Antoine. 1765.

In-8°; 106 pages. — Fig.

Diplomatique-pratique, ou Traité de l'arrangement des archives et trésors des chartes, ouvrage nécessaire aux commissaires à terriers...... par M. Lemoine [154], Archiviste du chapître de la métropole de Lyon, ci-devant de ceux de la cathédrale de Toul et de l'insigne église de Saint-Martin de Tours, Membre de l'Académie royale de Metz et de celle de Rouen.

In antiquis enuntiativa verba probant.
Dumoulin. Coût. de Paris.

Metz, Joseph Antoine. M. DCC. LXV.

In-4°. — Titre en rouge et en noir. — 390 pages non compris au commencement la liste des souscripteurs, 5 pages, et la préface, 8 pages; à la fin, table des chapitres, errata, etc., 6 pages; plus, 11 planches d'abréviations usitées dans les anciens titres, et la 12ᵉ de *fac simile* d'écritures des sept derniers siècles.

[153] Cons. sur M. Joly de Maizeroy, la note 59.

[154] M. Lemoine fut nommé, en 1763, correspondant de l'académie de Metz, qui n'existait que depuis trois ans.

Essai sur les moulins à soie et description d'un moulin propre à servir seul à l'organsinage et à toutes les opérations du tord de la soie. — Par Le Payen [155].

Metz, Joseph Antoine. 1767.

In-4°, avec planches.

Du jugement et du goût nécessaires à l'Avocat dans ses études et ses productions. Discours prononcé dans la bibliothèque des avocats du Parlement de Metz, à l'ouverture des conférences, le 12 décembre 1767, par M. Vignon, avocat.

Metz, Joseph Antoine. 1768. — In-12.

Projet d'association pour maintenir l'ordre et réprimer le crime dans les campagnes.

Par M. Muzac [156], président honoraire de la chambre des requêtes au parlement de Metz, titulaire de l'académie de Metz depuis 1761.

Metz, Joseph Antoine. 1768. — In-12. — 56 pages.

---

[155] M. Le Payen (Charles-Bruno), procureur du bureau des finances depuis 1746, et membre de l'académie de Metz en 1761, est mort à Metz le 11 novembre 1781. Je connais de lui plusieurs écrits lus à la société royale, et ayant toujours un but évident d'utilité pour la province, comme : un Mémoire sur les maladies des vers à soie, et singulièrement sur la muscardine, ainsi que sur le produit de la culture de la soie dans la province.

L'éloge de M. Le Payen a été prononcé le 18 novembre 1782, en séance publique de l'académie de Metz, par un de ses confrères, M. Gourdain, inspecteur des ponts et chaussées.

[156] M. le président Muzac (Nicolas) est mort à Metz le 19 juillet 1782.

Mémoire sur l'inoculation de la petite-vérole, par M. Mangin, D. en m., membre titulaire de la Société royale des sciences et des arts de la ville de Metz [157].
Metz, Joseph Antoine. 1769. — In-12.

Le premier ouvrage sur l'inoculation de la variole, a été publié en 1713 par Emmanuel Timoni. Dans le courant du 18e siècle, il a paru près de 3000 écrits sur cette pratique, aujourd'hui négligée et remplacée par la vaccination.

Lettre de M. le baron de Tschoudy à M. Duquesnoy, chanoine régulier et curé de Vouxey, en Lorraine; précédée de la relation des encouragemens que ce digne pasteur a donnés à l'agriculture; suivie d'une ode à sa louange, en 41 strophes.
Metz, Joseph Antoine. 1774.

Catalogue de la bibliothèque de l'ordre des avocats du parlement de Metz, établie en vertu de la délibération du 22 avril 1761, homologuée par arrêt de la cour, du 1er juin suivant.
Metz, Joseph Antoine. 1776. — In-4°. 157 pages.

Ce catalogue raisonné a été dressé par le bibliothécaire, M. Chenu (Louis). Les principaux

---

[157] M. Mangin avait occupé la place de premier médecin de l'hôpital militaire de Metz, fonctions élevées qui n'ont jamais été confiées qu'à des hommes fort distingués.

bienfaiteurs de cette bibliothèque furent M. Vannier (Claude-Nicolas), mort le   février 1763; M. Gabriel (Claude-Louis), mort le 13 mars 1775, tous deux anciens bâtonniers de l'ordre; M. Rulland fils, reçu conseiller au parlement en 1758.

Poésies diverses de M. le chevalier de Bonaffos de la Tour, capitaine au régiment de Véxin [158].
Metz, Joseph Antoine. 1778. — In-8°.

Description de la construction qui s'est faite à Metz, de vaisseaux en maçonnerie, propres à loger et à conserver le vin.
Par M. Le Payen, Procureur du Roi au bureau des finances, et ancien Directeur de l'académie de Metz.
Metz, Antoine, 1780. — 1re édit. In-4° — 2e édit. In-12. — 37 pages.

Ce mémoire a été publié par les soins de l'académie de Metz.

Les principes, l'esprit et les devoirs du gouvernement chrétien ou du ministère épiscopal [159].
Par M. Simonin, Docteur en théologie.
Metz, Antoine. 1780. — In-8° — 296 pages.

[158] M. de Bonaffos (Paul), neveu du père Bonaffos de la Tour; ce dernier est auteur de 2 vol. de Cantiques spirituels. — Paris, Crapart. 1772.

[159] Aff. des Ev. et Lorr., 1780, n° 13.

Mémoire sur les eaux minérales de la fontaine de Chaudebourg, près de Thionville; par M. Parant [160], ancien médecin des camps et armées du Roy, médecin de l'hôpital militaire de Thionville et correspondant de la société royale de médecine.
Medicus quò nobilius habet subjectum, eò absolutius quam cæteri artifices debet fungi suo munere.
Galen. Comment. in Hypp. præfat. Libr. de fasciis.
Metz, Joseph Antoine. 1781. In-8°.

Cette analyse des eaux minérales, salines et ferrugineuses de Chaudebourg [161], à 3 kilomètres ouest de Thionville, est due non seulement à M. Parant père, mais encore à son fils et à M. Derndinger, chimiste de Thionville. Elle a été critiquée dans plusieurs articles des affiches des Evêchés et Lorraine [162].

M. Bonaventure (Georges), habile pharmacien de Thionville, a analysé, en septembre 1819, les eaux de Chaudebourg, d'après les méthodes les plus récentes. Ce travail, fait avec soin, n'a pas encore été publié. M. Parant ni M. Bonaventure n'ont trouvé dans la source de Chau-

---

[160] M. Parant (Joseph), mort à Thionville le 24 septembre 1784, âgé de 60 ans.

[161] Dict. des sciences méd. XXXIII. 476. — Histoire de Thionville, par G.-F. Teissier. 247, 254.

[162] N°⁵ 6, 11 et 14 de 1782.

debourg aucune trace de cuivre. J.-P. Buchoz [163], naturaliste compilateur, dont les écrits ont fait plus de mal que de bien aux sciences auxquelles il a appliqué sa prodigieuse activité, prétend que, dans l'analyse chimique que l'on a faite des eaux de cette source, on a trouvé un tiers de cuivre sur deux tiers d'eau. Cette absurdité a été répétée dans des ouvrages modernes [164].

COLLIGNON (Joseph). 1742 à 1772.

80. Il succéda en 1742 [165] à sa mère et à son aïeule, qui, après la mort de Pierre Collignon, avaient pris la direction de l'imprimerie. Il conserva pour enseigne la Bible-d'Or.

[163] M. Buchoz (Jean-Pierre), auteur de plus de 300 volumes, est né à Metz le 27 janvier 1731, et mort à Paris le 30 janvier 1807. Il a aidé à plus d'une réputation, dit M. Calvel, l'un de ses biographes, sans pouvoir conserver la sienne. — Voyez l'éloge de Buchoz, par Deleuze, dans la Revue philosophique, n° 17, de 1807, page 503; le Mercure de France, du 7 juillet 1810, page 30; le Moniteur universel, du 8 juillet 1811; la Biog. univ., VI, 205. L'article est de M. Du Petit-Thouars.

[164] Valerius Lotharingiæ; par J.-P. Buchoz. Nancy, C.-S. Lamort. 1768. — In-12. Page 66. — Ce mauvais ouvrage est dédié à la ville de Metz et à ses magistrats : *urbi Metensi inexpugnabili suis regibus devotissimæ, hostium terrori*, etc.

[165] Nommé le 24 septembre 1742.

Nommé imprimeur du Roi le 22 décembre 1755, il quitta le commerce en 1772, et fit recevoir à sa place, comme imprimeur, son cousin germain, Jean-Baptiste.

Traité du département de Metz. (Les armes de Lefebvre de Caumartin).
A Metz, chez Joseph Collignon, imprimeur du Roi, à la Bible-d'Or. — 1756. — In-4°. — 474 pages, ayec une carte gravée par Lattré, indiquant les routes des lieux d'étapes.

Cet ouvrage statistique est de M. Stemer (Nicolas-François-Xavier), l'un des secrétaires de l'intendance sous M. de Caumartin, à qui ce volume est dédié [166].

81. C'est chez Joseph Collignon que commença, en 1758, la collection des almanachs de Metz, sous le titre de Journal ou Calendrier de Metz. In-12.

L'édition de 1759 a 140 pages; celle de 1764, 144; celle de 1761, 175. La réimpression a continué chaque année avec des augmentations, jusqu'en 1771 inclus. Le calendrier ne parut point

---

[166] Ce volume, quoique superficiel, donne des notions utiles sur le commerce de la province; l'état alphabétique et topographique des villes, bourgs et villages contient une foule d'inexactitudes. — Bibl. hist. de la France, n° 631, 2232 et 38758. — Le continuateur du père Lelong a consacré trois articles à l'écrit de Stemer.

pour 1772 ni pour les trois années suivantes, à cause de la suppression du parlement de Metz, dont le ressort fut réuni à celui de la cour souveraine de Nancy, par édit d'octobre 1771 [167].

En 1776, parut chez J.-B. Collignon une dernière édition, in-12, 232 pages, toujours par les soins d'un secrétaire de l'intendance. Ce ne fut qu'en 1783 que l'ouvrage parut de nouveau, mais sous le format in-18. La rédaction en fut alors confiée à M. Pattée, également secrétaire de l'intendance [168].

Les Antiquités de Metz, ou Recherches sur l'origine des Médiomatriciens ; leur premier établissement dans les Gaules, leurs mœurs, leur religion [169].

Etiam non Assequutis voluisse pulchrum.
Plin. Lib. I.

(Par Dom Joseph Cajot [170], bénédictin de l'abbaye de Saint-Arnould.)
Metz, Joseph Collignon. — 1760. In-8°. 318 pages.

---

[167] Cet édit est inséré dans les affiches des Trois-Évêchés, du 26 octobre 1771, n° 43.

[168] Aff. des Evêch. et Lorr., 1785, n° 5.

[169] Journal de Verdun, mars 1761, pag. 188 à 191. — Bibl. hist. de la France. I. N° 3936.

[170] Dom Cajot est auteur d'un *Almanach* historique de Verdun-sur-Meuse pour 1775. Cet écrit fait suite en quelque sorte aux antiquités de Metz ; il n'est pas cité par M. Weiss dans l'article de Cajot. — Biog. univ. VI. 495.

Ouvrage rempli d'une critique saine, mais quelquefois hardie.

Histoire critique des Coqueluchons.—Cologne (Metz). 1762. In-12. (Par le même Dom Cajot.)

Cet écrit sort des presses de Joseph Collignon. Ces recherches déplurent, dit M. Weiss, aux confrères de l'auteur; celui-ci pouvait se justifier en citant pour précurseur le fameux curé Thiers, qui a fait un gros volume sur l'*Histoire des Perruques* [171].

Ouvrages de M. Thiébaut, docteur en théologie, ancien supérieur du séminaire, examinateur synodal et curé de Sainte-Croix, à Metz.

1° Homélies sur les Epîtres des dimanches et des fêtes principales de l'année. Par M. Thiébault.
Metz, Joseph Collignon.—1766. 4 vol. in-12.

2° Doctrine chrétienne en forme de prônes, etc.
Metz, Joseph Collignon. — 1772. 6 vol.

3° Explication littérale, dogmatique et morale des Evangiles des dimanches et fêtes principales de l'année, en forme d'homélies.
Metz, J.-B. Collignon. — 1776. 4 vol.

4° Explication littérale, dogmatique et morale des quatre Evangiles, réduits en concorde, et des actes des apôtres, en forme d'homélies.
Metz, J.-B. Collignon.

---

[171] Avignon, Chambeau. 1779. In-12.—441 pages.

Les quatre premiers volumes, qui contiennent l'explication des évangiles, sont de 1778; le 5°, qui contient l'explication de la plus grande partie des actes des apôtres, est de 1779; le suivant termine l'explication des actes des apôtres et commence l'explication des épîtres, qui est continuée dans les suivans; ils sont intitulés : Explication littérale, dogmatique et morale des Epîtres des apôtres; le dernier est intitulé : Explication etc. de l'Apocalypse. Le 6° est marqué tome 10°, et les suivans, 11°, 12°, 13°, 14°, 15° et 16°, ce qui est vrai si l'on considère cet ouvrage comme faisant suite au précédent. Ces sept derniers volumes sont de 1783.

5° Explication littérale, dogmatique et morale de l'ancien Testament, en forme de prônes.
Metz, chez J.-B. Collignon. — 1786. 14 vol.

Suite de la table chronologique des édits, déclarations, lettres-patentes sur arrêts, registrés au parlement de Metz; ensemble des arrêts de réglemens rendus par ladite cour, et autres arrêts du conseil.
Metz, Joseph Collignon. — 1769. Petit in-4°. 110 pag. (Sans nom d'auteur [172].)

Le frontispice porte l'année 1769; mais l'ouvrage comprend jusqu'à l'édit d'octobre 1771, portant suppression du Parlement de Metz.

---

[172] Le continuateur de la table chronologique de M. Lançon, est M. Chenu (Louis). V. la note 149.

IMPRIMERIE HÉBRAÏQUE.

Moyse MAY. 1765 à 1775.

Goudchaux SPIRE, gendre de May. 1775 à 1789.

Abraham SPIRE, fils du précédent. 1789 à 1793.

82. La nombreuse population israëlite de Metz [173] et de son intendance, qui jouissait de priviléges particuliers, était autrefois obligée de se pourvoir hors de France des livres nécessaires à l'éducation de la jeunesse et à l'exercice du culte; on les tirait principalement d'Amsterdam et de Francfort-sur-le-Mein; on se servait aussi à Metz, et dans la généralité, de livres liturgiques imprimés à Vienne, à Prague, à Berlin, à Carlsrühe, à Fürth, près de Nuremberg. Cet impôt payé à l'étranger cessa

---

[173] « Leur nombre à Metz est d'environ trois mille, « en sorte que leur quartier étant fort resserré, ils sont « obligés d'élever leurs maisons jusqu'à cinq et six étages, « pour pouvoir se loger. » *Journal* ou *Calendrier de Metz*. Metz, Joseph Collignon. 1759. — Petit in-8°.

La même phrase se retrouve dans les éditions des années suivantes, jusques et compris 1767. Dans le volume de 1768, la population israëlite est estimée à environ 4000 individus; aujourd'hui elle n'est que de 2300; à Thionville, elle est de 252 individus.

en 1765, par l'utile industrie d'un messin qui, sans avoir pratiqué l'art typographique, projeta de fonder dans sa patrie une imprimerie hébraïque dans la pensée que cette spéculation commerciale, suppléant à une privation essentielle, lui serait avantageuse. Moyse May, doué d'une capacité reconnue, mit dans son entreprise la persévérance qui fait réussir; il fit venir ses caractères de Francfort, et amena d'Allemagne un prote habile nommé Falck, sur lequel il se reposait pour tout le travail matériel de l'imprimerie. M. Lyon Asser [174], de

[174] M. Lyon-Asser dut sa promotion à la place fort recherchée de Grand-Rabbin de la communion mosaïque de Metz, à la réputation d'un de ses ouvrages intitulé *Schagatharié* (le rugissement du lion) imprimé in-folio en Allemagne. Je me déclare tout-à-fait incapable de porter un jugement sur un pareil écrit. D'après le témoignage de nos savans hébraïsans, et sur-tout de M. Gerson Lévy, juge fort éclairé sur la littérature des langues sacrées, ce livre, rempli des subtilités de controverse qui font la base et l'assaisonnement de l'érudition rabbinique, prouve que Lyon Asser, dirigeant vers une autre carrière son instruction et l'élévation de son esprit, se serait fait un nom dans le monde littéraire.

Il est mort en 1784, laissant un fils aujourd'hui rabbin à Carlsrüh, grand duché de Bade, et dont le nom est encore cher à Metz. Asser fils ne s'était pas borné, comme son père, à sonder la profondeur de la scholastique des rabbins, et à chercher la clarté au milieu des ténèbres du *Talmud*, du *Zohar* et des *Midrashim;* il était savant et lettré à notre manière; en un mot, il était l'ami et

Minsk en Lithuanie, venait d'être nommé grand-rabbin : cet érudit Talmudiste applaudit au dessein de Moyse May et le favorisa plus par son influence morale que par l'autorité de sa place, tout-à-fait nulle quant aux affaires civiles ; sous ce dernier rapport, ce furent les syndics [175] qui protégèrent May.

l'émule de nos savans compatriotes Ensheim, qui habite aujourd'hui Bayonne, et Isaïe-Berr-Bing, mort, il y a vingt ans, administrateur général des salines de l'Est.

Pour terminer cette courte notice sur Lyon Asser, qu'il me soit permis d'unir un nom cher à la France, au nom du rabbin messin. Le comte de Provence (Louis XVIII) pendant le séjour qu'il fit à Metz, en 1782, alla visiter la synagogue, où il assista à l'office du vendredi soir ; il fut reçu par les syndics, ayant à leur tête Lyon Asser, vieillard d'un aspect vénérable et dont la figure noble et grave rappelait l'idée d'un pontife de l'ancienne loi.

Le prince accueillit les hommages des israëlites et ne méprisa pas la bénédiction du grand-rabbin, qui lui présenta la Bible écrite sur un rouleau de parchemin. Le souvenir du vieux pasteur resta dans sa mémoire ; l'on s'étonnait autour de lui de voir dans sa bouche l'éloge d'un juif. « Juif ou chrétien, que m'importe, dit le frère de « Louis XVI, j'honore la vertu partout où elle s'offre à « moi. » Ce mot ne fut pas perdu. Que l'on juge si les Juifs de Metz virent avec bonheur ce même prince remonter sur le trône de ses pères !

[175] *Les syndics* étaient chargés de la police et de l'administration des affaires de la communauté ; ils avaient le pouvoir de répartir toutes les charges au moyen d'un rôle annuel qui était exécutoire : leur élection se faisait

Le nombre des imprimeurs de Metz était fixé à deux. May n'espérant pas obtenir un privilége, éluda l'obligation de s'en pourvoir : ce fut sous le nom de Joseph Antoine, imprimeur du Roi, que parurent les premiers livres hébreux; plus tard, ce fut sous celui de J.-B. Collignon. La composition avait lieu dans le quartier des Juifs, au domicile de May; le tirage, chez un imprimeur breveté. Le Parlement, assuré que May n'abuserait pas de cette tolérance, le laissa faire; l'autorité administrative se montra également indulgente : en cela, elle suivait les inspirations de M. de Lamoignon de Malesherbes, directeur général de la librairie. Les livres publiés alors par Moyse May ont une grande netteté; les Hébraïsans leur reprochent des incorrections.

tous les trois ans, au mois de juillet; les anciens syndics étaient rééligibles.

Les syndics, réunis aux docteurs de la loi et à trente notables tirés au sort, nommaient le grand-rabbin ; comme aujourd'hui, le choix devait être confirmé par l'autorité royale.

Le grand-rabbin ne pouvait pas être messin, ni avoir dans cette ville de parent ni d'allié; on croyait éviter par là toute influence, toute prévention. Le grand-rabbin vivait à l'écart, étranger à la population qui l'entourait et ne s'occupant que du Talmud et des obscurs et futiles commentaires et interprétations dont on l'a surchargé.

83. May débuta, en 1765,

1" par le Rituel des prières journalières. — In-8°;

תפלה מכל השנה

2° par les Prières particulières pour le sabbat. In-8°.

תקוני שבת

En 1766, il publia les commentaires d'Issachar de Metz, sur le Traité des fêtes. — In-folio.

ים יששכר׳ פירוש על ביצה

En 1767, les Commentaires sur le Talmud, par Jacob Trenel, de Metz. — In-folio.

מעין גנה, פירוש על הגמרה

Et la même année, Hagadah, ou Cérémonies des nuits de Pâques. — In-4°, avec figures en taille-douce.

הגדה של פסח

Jusqu'alors le débit avait répondu à l'attente de l'audacieux May; ses succès l'aveuglèrent. Il annonça, en 1768, une édition complète du Talmud, avec plusieurs commentaires. Cette immense entreprise, presque comparable à celle de Daniel Bomberg [176], qui imprima le Talmud en douze

---

[176] Daniel Bomberg, d'Anvers, le plus célèbre imprimeur en caractères hébreux, s'établit à Venise, où il

volumes in-folio, commença avec assez d'avantage et plut par la beauté de l'exécution; mais le prix d'un pareil ouvrage était trop élevé pour qu'un grand nombre de familles pût se le procurer. Après la publication des premiers volumes, les magasins de May se surchargèrent; ses avances de fonds surpassèrent son crédit; toutes ses affaires en souffrirent; ses presses s'arrêtèrent; il ne put satisfaire ses créanciers, et quitta sa patrie : ce ne fut qu'après un long exil qu'il put y reparaître, mais pauvre et souffrant. Après plusieurs années de maladie, il mourut à Metz, en 1792.

Voici le détail des impressions qui causèrent la catastrophe de Moyse May :

Traité des bénédictions. — Gros in-8°, avec une douzaine de commentaires. 1768.

מסכת ברכות

Talmud. Traité des fêtes, avec le même nombre de commentaires. — In-8°.

מסכת ביצה

Traité des menstrues, mêmes commentaires. —In-8°.

מסכת נדה

mourut en 1549. Il a publié trois éditions, chacune en 12 volumes in-folio, du Talmud, avec tous les commentaires. Sa Bible, publiée en 1549, en 4 vol. in-f°, est fort recherchée. En définitive, Daniel Bomberg se ruina.

Le Pentateuque, avec les versions chaldaïques d'Onkelos, de Jonathan Ben Uziel et de Jérusalémite dites Targumim, et avec de nombreux commentaires. — 5 vol. in-4°.

חמשה חומשי תורה

Prières d'expiation. — In-4°.

סליחות

Prières de toutes les fêtes de l'année. — 2 vol. in-4°.

מחזור מכל השנה

Commentaires sur le Pentateuque, en hébraïco-teuton.

צאינה וראינה

Et nombre de petits volumes.

84. Après la chûte de Moyse May, son gendre, Goudchaux Spire, ne négligea rien pour relever l'imprimerie, en devenir propriétaire et en faire reconnaître l'existence par le Gouvernement. Ce fut en sa faveur que furent octroyées les lettres-patentes du 4 juin 1775, qui autorisèrent l'érection d'une imprimerie hébraïque : nos israélites participèrent ainsi à l'heureuse influence qu'eut sur la nation l'aurore du règne de Louis XVI. Les syndics accordèrent pour le placement de l'imprimerie un local dépendant du temple, et occupé, depuis 1818, par l'école d'enseignement mutuel.

Le catalogue des livres imprimés par Goudchaux est assez considérable; voici les principaux :

Talmud. Traité du nouvel an, avec les mêmes commentaires que les trois parties du Talmud déjà publiées par May. — 1775.

מסכת ראש השנה

Un nouveau commentaire sur le Talmud, par le grand-rabbin Lyon Asser.

טור אבן

Plusieurs autres commentaires sur le Talmud.

Le nouveau Kosry, dialogues supposés entre le roi Kosry et un israélite, sur l'authenticité et la vérité de la loi orale.

כוזרי שני

Le poème du paradis et de l'enfer.

תפתה ערוך ועדן ערוך

Les commentaires talmudiques du rabbin Niscim (1) et de Benjamin (2).

(1) שאלת ותשובת מהרי״ן
(2) תשובת מסעות בנימין

Les controverses talmudiques de Gerson Coblentz (1),
d'Olry Cahen (2), de Jacob Rescher (3), etc., tous
messins. — In-4° et in-folio.

(1) קרית חנה
(2) הלכה ברורה
(3) שבות יעקב

Goudchaux Spire, aidé de ses fils, continua avec assez de succès jusqu'en 1789, année de sa mort et époque où commencèrent nos troubles politiques.

Dès-lors les Juifs espérèrent leur émancipation politique.[177] Leur attention était portée vers cette aurore si brillante, qui a séduit tant de cœurs généreux et qui promettait sur-tout aux juifs, après leurs longues douleurs, des jours sereins et heureux. Avides de savoir, leur ignorance les rendait étrangers au mouvement de leur pays; car à peine y avait-il à Metz cinquante individus qui pussent lire et comprendre les écrits périodiques. Pour satisfaire à leur impatience, Abraham Spire, succédant à l'imprimerie de Goudchaux, son père, fit paraître,

[177] Le décret de l'assemblée constituante qui accorde aux juifs les droits de citoyens actifs, est du 28 janvier 1790 ; celui qui supprime la redevance de 20,000 fr. payée depuis 1715 à la maison Brancas, est du 20 juillet suivant.

en 1789, un journal politique hebdomadaire (צייטונג) dans l'idiôme allemand corrompu que parlent les israélites de Metz, mais en caractères hébraïques ; le n° 1ᵉʳ a paru le 5 novembre 1789 : sa durée ne fut que de cinq mois ; le dernier numéro est du 1ᵉʳ avril 1790.

A. Spire, dans les premières années de la révolution, a imprimé quelques volumes. Je citerai les trois premières parties d'un ouvrage de M. Aaron Worms, intitulé : *Le Flambeau de la Loi*[178].

מאורי אור. פירוש על הגמרה. מאת
הרב הגאון כמהו' אהרן ווארמש

[178] L'auteur de l'immense ouvrage : *le Flambeau de la Loi*, mérite une note spéciale. M. Aaron Worms est né en 1754, à Geislautern, village voisin de Sarrelouis, et cédé à la Prusse en 1815. Livré dès son enfance à la théologie rabbinique, il y fit de si grands progrès, qu'à l'âge de quinze ans il soutint des thèses en présence des docteurs de la loi de la synagogue, qui reconnurent dans le jeune Worms une profonde érudition dans ce genre.

Worms, à 23 ans, fut nommé rabbin de l'arrondissement de Créhange, sous les auspices du grand-rabbin Lyon Asser. En 1786, il fut rappelé à Metz comme rabbin du séminaire talmudique ; la convocation du grand Sanhédrin le fit connaître avantageusement parmi les partisans de la régénération des israélites. Nommé en 1815

Peu à peu, l'établissement d'A. Spire déclina. Pendant nombre d'années, l'existence des débris d'une imprimerie hébraïque n'a été révélée chaque année que par l'apparition d'un petit almanach de la plus chétive apparence.

Ce ne fut qu'en 1812, sous l'administration de M. de Vaublanc, que s'éleva l'imprimerie de M. Ephraïm Hadamard.

grand-rabbin, par *intérim*, de la circonscription de Metz, il seconda avec zèle le consistoire dans la fondation des écoles et dans l'exécution des généreux projets qui ont déjà tant d'influence sur la jeunesse de Metz. En 1820, il fut remplacé dans les fonctions de grand-rabbin, par l'application de l'article 20 du décret du 17 mars 1808, portant que nul rabbin ne pourra être élu à dater de 1820, s'il ne sait la langue française.

Le Flambeau de la Loi est l'ouvrage de toute sa vie : il doit avoir au moins dix volumes. Chaque partie de l'ouvrage est terminée par un ou par plusieurs morceaux de poésie hébraïque, qui font regretter que le génie de cet écrivain n'ait pas été développé, poli par des études mieux ordonnées, et que de si belles facultés aient été abandonnées à elles-mêmes. Un pamphlet * très-récent, dont le spirituel auteur est souvent sorti des bornes de la modération et a pris le fiel de la satyre personnelle pour du sel attique, dit, en parlant de M. Worms, « qu'ayant consumé sa vie dans des études laborieuse-« ment futiles, il y a acquis une érudition prodigieuse « et a composé des ouvrages si volumineux, que la moitié

---

* Sixième lettre d'un israélite français à ses co-religionnaires, sur l'établissement d'une école de théologie à Paris, et sur la suppression des écoles talmudiques en province; suivie d'une bonne nouvelle.
Paris. Béraud. In-8°. — 43 Pages. — Sans indication d'année et sans nom d'auteur.

Il y a 29 ou 30 ans que M. Abraham Brisac, de Lunéville, étranger comme May à la typographie, fonda comme lui une imprimerie. Cet atelier, dont les caractères étaient pris dans une fonderie de Pont-à-Mousson, a reproduit la plupart des livres de liturgie usuelle, déjà publiés à Metz, comme

Le Rituel des prières journalières.

Le Pentateuque, avec des commentaires. — 5 vol. in-8°.

Le même, 5 vol. in-4°.

Divers livres de prières et plusieurs opuscules de théologie morale.

Cette entreprise n'a pas eu un succès durable. L'imprimerie hébraïque de Lunéville n'existe plus [179].

« de tant de travaux appliqués à des objets connus,
« aurait suffi pour lui procurer l'entrée de toutes les
« académies d'inscriptions de l'Europe. »

M. Aaron Worms n'a pas couru après la renommée; elle n'est pas venue le chercher. Le nom de l'auteur du Flambeau de la Loi n'est connu que de quelques adeptes; un quatrain a rendu Saint-Aulaire immortel.

[179] Le professeur Rossi (Jean-Bernard), de Parme, a publié plusieurs ouvrages sur la typographie hébraïque. M. Gabriel Peignot les indique dans son Dictionnaire raisonné de bibliologie. III. 285. — Gilles Gourmond est le premier typographe de Paris qui ait gravé et em-

COLLIGNON (Jean-Baptiste). 1772 à 1794.

85. Joseph Collignon donna, le 17 janvier 1772, sa démission en faveur de son cousin Jean-Baptiste; celui-ci, né à Metz le 7 janvier 1734, fut nommé imprimeur à Metz, par un arrêt du Conseil-d'Etat privé, du 6 avril 1772, mais sans la qualité d'imprimeur du Roi [180].

Après la carrière la plus honorable, M. Collignon fut une des victimes de la tourmente révolutionnaire; dénoncé comme royaliste, conduit à Paris devant un tribunal de sang, les bourreaux qui prenaient les noms de jurés et de juges le frappèrent en 1794. La mémoire de M. Collignon est restée chère aux Messins : ses deux fils lui succédèrent; mais l'aîné, Christophe-Gabriel, fut seul en nom dans la société.

ployé des caractères hébraïques; il en fit usage pour la première fois en 1508. L'usage de ces caractères, en Italie, remonte à 1476, suivant Rossi. Manuel de la typographie française, par P. Capelle. — Paris. Rignoux. 1826. — In-4°, page 60.

[180] « A l'égard de la place d'imprimeur du Roi, *porte*
« *l'arrêt*, aussi vacante par la démission de Joseph
« Collignon, veut Sa Majesté qu'elle soit et demeure
« supprimée, sans qu'elle puisse être possédée à l'avenir
« par ledit J.-B. Collignon, ni par quelqu'autre per-
« sonne que ce soit; au moyen de quoi ledit Joseph
« Antoine jouira du titre et des fonctions de seul im-
« primeur de S. M. en ladite ville de Metz. »

Il était imprimeur de l'évêché, attribution qui est encore dans sa famille. Il fut chargé par M. le Cardinal de Montmorency-Laval [181] de la réimpression de tous les livres d'église. Les Missels, Rituels, Graduels, etc., sortis de ses presses, sont encore en usage dans tout le diocèse; ils sont bien exécutés.

Tableau de la monnoie de Metz, de ses officiers, de son ressort et de ses justiciables; précédé d'un précis historique (sans nom d'auteur [182]).
Metz, J.-B. Collignon, imprimeur de la Monnoie. — 1785. Petit in-4°, avec encadrement. 81 pages, avec quelques gravures de monnaies et les armoiries de toutes les villes citées dans l'ouvrage.

« Ce précis historique, dit l'auteur, n'est que
« le sommaire d'une histoire sur les monnaies
« de Metz, dans laquelle on donne une descrip-
« tion détaillée ainsi que l'évaluation des an-
« ciennes monnaies des Médiomatriciens, de celles
« des Rois d'Austrasie, de la Cité de Metz, de

[181] Cardinal de Montmorency-Laval (Louis-Joseph), évêque de Metz en 1760, après M. de Saint-Simon; grand-aumônier de France en 1786; mort durant l'émigration.

[182] L'auteur est M. Chenu (Louis), avocat au parlement de Metz; reçu en 1750 censeur royal et inspecteur de la librairie; procureur du Roi au siége de la monnaie en 1765.— V. les notes 149 et 172.

« ses Évêques, des Maîtres-Échevins, du Chapitre
« de la Cathédrale, etc., ainsi que de leurs mé-
« dailles, jettons, sceaux, etc., que l'on se propose
« de faire paraître avec les empreintes. »

Cette histoire n'est-elle pas l'ouvrage de M. Dupré de Geneste, annoncé dès 1760 (pag. 131) dans le Prospectus de l'Histoire de Metz?

Je connais deux éditions antérieures du Tableau de la monnaie de Metz, sortant des mêmes presses. 1° 1773. In-4°, 15 pages. — 2° 1781. 45 pages, sans gravures ni précis historique, mais avec des notes.

Usage de l'artillerie nouvelle dans la guerre de campagne; connaissance nécessaire aux officiers destinés à commander toutes les armes; par le chevalier Duteil.

Metz, J.-B. Collignon. — 1778. In-8°.

Manœuvres d'infanterie pour résister à la cavalerie et l'attaquer avec succès [183]; par M. le Chevalier Duteil [184], Major du régiment de Toul, du Corps royal de l'artillerie, Académicien titulaire de la Société royale de Metz.

Metz, J.-B. Collignon. — 1782. In-8°, avec 11 pl.

M. Duteil est auteur de plusieurs autres ouvrages de tactique.

[183] Aff. des Evêchés et Lorr., 1782, n° 9. — 1788, n° 16.

[184] Nommé maréchal-de-camp le 25 août 1792, et

Vocabulaire austrasien, pour servir à l'intelligence des preuves de l'Histoire de Metz, des lois et atours de la ville, des chartres, titres, actes et autres monumens du moyen âge, écrits en langue romance, tant dans le pays messin que dans les provinces voisines.

Par dom Jean-François, Membre titulaire de l'Académie royale des sciences et arts de Metz, etc. Metz, J.-B. Collignon. — 1773. In-8°.

Si utile est quod facimus, vera gloria, dit l'auteur dans son avant-propos. Son ouvrage est utile, en effet; on doit y joindre un volume in-4°, du même écrivain :

Dictionnaire roman, wallon, celtique et tudesque, pour servir à l'intelligence des anciennes loix et contrats, des chartres, rescripts, titres, actes, diplomes et autres monumens, tant ecclésiastiques que civils et historiques, écrits en langue romance, ou langue françoise ancienne; par un Religieux Bénédictin de la congrégation de Saint-Vanne. Bouillon, Société typog. — 1777. In-4°.

lieutenant-général sous le directoire, il a été commandant d'armes à Metz de 1801 à 1814; il est mort le 25 avril 1820, à Ancy-sur-Moselle. Son frère aîné, maréchal-de-camp d'artillerie en janvier 1784, commandant de l'école d'Auxonne, puis de celle de Valence, a été assassiné judiciairement à Lyon pendant la terreur. L'un des fils de ce dernier est aujourd'hui député de la Moselle à la Chambre, M. le baron Duteil (Césaire-Marie), administrateur des forêts.

86. Dom Jean-François a déjà été cité comme l'un des auteurs de l'Histoire de Metz. En 1760, lors de la formation de l'académie de Metz, il en fut nommé membre titulaire, ainsi que trois autres Bénédictins des monastères de Metz, tous très-dignes de cette distinction; il était alors Sous-Prieur de l'abbaye de Saint-Symphorien, et devint peu après Prieur de Saint-Clément.

Ses trois confrères, admis à l'Académie, furent fort utiles à leur patrie adoptive; leurs écrits, leurs occupations eurent pour but l'histoire du pays, l'instruction de ses habitans; nous les signalons avec empressement à la génération actuelle, comme des modèles à imiter : ce sont

1° Dom Tabouillot (Nicolas), associé de Jean François pour l'Histoire de Metz, éditeur des Annales de Baltus, etc.

2° Dom Maugérard (Jean-Baptiste [185]), savant bibliographe, mort à Metz, âgé de 82 ans, le 13 juillet 1815, et non en juin 1814, comme l'indique la Biogr. universelle. C'est par erreur que, dans cette Biographie, M. Beuchot donne le titre de secrétaire perpétuel de l'académie de Metz à Maugérard; pendant toute la durée de cette société, c'est-à-dire, de 1760 à 1791, elle a eu

---

[185] Biog. univ. XXI. 1. — XXVII. 505. — XXXVIII. 153. — Peignot. Dict. raisonné de bibliologie. I. 387. — III. 210. — P. Lambinet. Origine de l'imprimerie. I. 132.

pour secrétaire perpétuel 1° M. Dupré de Geneste (Henri-Marie), receveur des domaines, antiquaire et bibliographe; 2° M. Le Payen, premier secrétaire de l'Intendance de Metz.

On peut consulter sur Maugérard l'ouvrage de l'abbé Rive [186] : la Chasse aux bibliographes et antiquaires mal avisés, de la page 7 à 68; mais il faut se garder d'adopter les opinions du fougueux abbé Rive, qui, dans des écrits de simple critique littéraire, et sur des sujets très-futiles, a toujours employé l'injure et l'outrage comme des accessoires indispensables. Maugérard a subi le sort commun; il n'est pas plus maltraité que ne le sont le Père Lelong, les deux Debure, Mercier de Saint-Léger, et même le savant Van Praët.

Outre les écrits cités par M. l'abbé Lecuy, dans la Biog. univ., Maugérard est auteur d'un Mémoire historique sur la vie et les écrits de Jacob Le Duchat [187], de Metz, mort à Berlin conseiller à la chambre de justice supérieure française, lu à l'académie de Metz, le 18 novembre 1767, non imprimé; — d'Observations sur les premiers essais de l'imprimerie en taille de bois non mobile, lues en séance du 18 novembre 1782; — d'une

---

[186] Londres (Aix en Provence), chez Aphobe (Sans-Peur); 2 vol. in-8°; 1788 et 1789.

[187] Né à Metz le 23 février 1655; sorti de sa patrie lors de la révocation de l'édit de Nantes.

Notice historique, suivie de l'examen qu'il a fait d'un manuscrit du 6⁰ siècle [188], conservé dans le trésor de la Cathédrale de Metz, et contenant les Évangiles, lue en séance du 13 nov. 1765.

Le Journal de la province [189] contient, du même auteur, un mémoire, lu le 24 août 1789, à la séance de l'Académie, sur un exemplaire de la Bible connue sous le nom de *Guttemberg*, accompagné de renseignemens qui prouvent que l'impression de cette Bible est antérieure à celle du Psautier de 1457.

3° Dom Casbois (Nicolas) [190], habile professeur de physique, qui s'est occupé de l'hygromètre. Le Dictionnaire encyclopédique [191] contient un Mémoire de Casbois, sur un hygromètre formé d'une lanière de parchemin qui, par ses raccour-

---

[188] Ce manuscrit, ainsi que quinze autres, demandés par le Ministre de l'intérieur, sont sortis de Metz en décembre 1803, pour être déposés à la bibliothèque dite alors nationale. L'inventaire de ces manuscrits, dressé par M. Bardou Duhamel, se trouve dans la statistique de la Moselle, publiée sous le nom de M. Colchen, alors Préfet. — Paris, impr. de la répub. An XI. — In-folio. Pag. 29.

[189] Aff. des Evêchés et Lorr., 1790, n°ˢ 1, 2, 3 et 4.

[190] Prieur de l'abbaye de Beaulieu, en Argonne; prieur de l'abbaye de Saint-Symphorien de Metz, en 1765; président de la congrégation de Saint-Vanne, en 1789.

[191] Tome XVII, page 942 de l'édit de Genève. — In-4°.

cissemens et alongemens comparés à sa longueur totale, fait connaître sur un cadran la quantité d'humidité dont elle est pénétrée ; — un Mémoire sur les principes physiques des affinités chimiques, 1765 [192]; — un Mémoire sur un nouvel aéromètre ou pèse-liqueur à godet, 1777.

Plus tard, Casbois lut à l'académie de Metz un Mémoire sur un hygromètre à boyau de ver à soie [193]; — un autre Mémoire sur son pèse-liqueur, considéré relativement aux sels, 1782.

87. Notre académicien est le véritable inventeur de la méthode dite de Mademoiselle Gervais, pour la fabrication du vin. Ce procédé, qui a occupé nombre de sociétés savantes, et qui a obtenu, pour son exploitation, une autorisation du Gouvernement, n'est-il pas tout entier, théorie et pratique, dans les phrases suivantes : « On conçoit « que moins le vin en fermentation communique « avec l'air extérieur, moins il doit perdre de « cette partie volatile qui fait sa force et que l'on « appelle esprit. Donc, pour avoir le vin le plus « généreux, il faut le faire fermenter dans des « vaisseaux parfaitement clos. Mais la fermentation « produit du gaz, et ce gaz élastique romproit

---

[192] Journal de physique. Mars 1781. — Aff. des Evêch. et Lorr., 1781, n°^s 28 et suivans.

[193] Aff. des Evêch. et Lorr., 1784, n°^s 29 et suiv. Le mémoire y est inséré en entier.

« les vaisseaux ou produiroit du vin enragé, s'il
« ne trouvoit pas d'issue; il faut donc, en fermant
« les vaisseaux, faire en sorte que le gaz puisse
« en sortir sans que l'air extérieur puisse y entrer.
« Il n'y a qu'une soupape qui puisse faire cet
« office..... etc. » C'est ainsi que parlait Dom Casbois, à Metz, en 1782 [194]. Mademoiselle Gervais dit-elle autre chose?

Casbois et Tabouillot n'ont pas trouvé place dans la Biographie universelle.

Histoire générale de Metz [195], par des religieux Bénédictins de la congrégation de Saint-Vanne, associés de différentes académies et membres titulaires de l'académie royale des sciences et des arts de Metz.
Metz, Jean-Baptiste Collignon. — 1775. In-4°, T. 2, 703 pages.
Tome 3. Même année. 368 pages de texte, lxi de table et 352 de preuves.

La mise en ordre des preuves appartient à Dom Tabouillot seul [196].

[194] Aff. des Evêch. et Lorr., 1782, n° 32.

[195] Voir la note 1.

[196] Aff. des Evêch. et Lorr., 1781, n° 21.

LAMORT (Claude). 1784 à 1828.

88. En 1700, Metz avait quatre imprimeries: Brice Antoine, Jean Collignon, Jean Antoine, le jeune, et Pierre Collignon.

Un arrêt du Conseil, du 22 juillet 1704, fixa alors dans tout le royaume, et d'après les besoins présumés des localités, le nombre des ateliers typographiques et des librairies; successivement, et d'après le puissant mobile de la protection, des autorisations particulières augmentèrent cette fixation; on maintint en outre l'activité de quelques imprimeries anciennes, qui demeurèrent surnuméraires pendant la vie des titulaires; ou bien, on accorda à des veuves le privilége également viager de jouir de l'imprimerie de leurs époux.

Un autre arrêt, du 31 mars 1739, reprit et remplaça la législation antérieure [97]. C'est en vertu de cet acte de l'autorité royale, que Metz n'eut plus que deux imprimeries, appartenant aux fa-

---

[97] Le nombre des imprimeurs fut fixé; savoir: à 36 à Paris; à 12 dans chacune des villes de Lyon et de Rouen; à 10 à Bordeaux et à Toulouse; à 6 à Strasbourg et à Lille; à 4 à Aix, à Besançon, à Caen, à Dijon, à Douay, à Grenoble, à Nantes, à Orléans et à Rennes; à 3 à Marseille et à Troyes, etc. Il y a maintenant 80 imprimeurs à Paris, non compris les lithographes et les imprimeurs en taille-douce.

milles Antoine et Collignon; il fut confirmé le 12 mai 1759, par un nouvel arrêt qui fixa à 4 le nombre des imprimeurs de la généralité de Metz; savoir : 2 à Metz, 1 à Toul, 1 à Verdun; on ne maintint, à Sedan, l'imprimerie de la dame *Françoise Thésin*, que sa vie durant, sans transmission possible, même à ses enfans.

Cet ordre de choses dura pour Metz jusqu'en 1784, sauf l'imprimerie judaïque, bornée à l'usage des caractères hébraïques. On s'était souvent aperçu que ce n'était point assez de deux ateliers typographiques dans une ville de 33,000 âmes, siége d'un parlement, d'un évêché de plus de 600 paroisses, d'une intendance composée de 17 subdélégations, d'un gouvernement militaire, etc. Par le défaut de concurrence, les prix de Metz étaient beaucoup plus élevés que ceux de Nancy; cette surélévation était telle, que l'académie de Metz a fait souvent imprimer dans la capitale de la Lorraine [198], les mémoires émanés de ses membres

---

[198] Chez Claude-Sigisbert Lamort, qui commença à imprimer à Nancy en 1755, sous le gouvernement de Stanislas. Il y avait alors dix imprimeurs à Nancy; leur nombre fut réduit à quatre en 1768, après la mort du roi de Pologne; cinq autres furent conservés dans les villes de Bar-le-Duc, de Pont-à-Mousson, d'Epinal, de Neuf-Château et de Saint-Diez.

Claude-Sigisbert est mort octogénaire, à Metz, en 1813, chez son fils.

et revêtus de son approbation [199]; c'est là que pa-

[199] Parmi ces ouvrages, je citerai seulement : Mémoires concernant la navigation des rivières de la province des Trois-Evêchés et le commerce de la ville de Metz, lus dans l'assemblée publique de la Société royale des sciences et des arts de Metz, tenue le 18 novembre 1772.

A Metz, chez Pierre Marchal, libraire, rue des Petites-Tappes. M. DCC. LXXIII.

In-4°, 424 pages, non compris quatre pages d'avant-propos; plus trois cartes du cours de la Moselle, de Metz à Coblentz; puis une carte du cours de la Moselle et de la Meurthe, de Metz à Nancy.

Ces cartes, ouvrage de M. Gardeur-Lebrun fils, sont gravées par N. Chalmandrier; le cartouche, dessiné par L. Monnet, a été gravé par Louis Legrand. Ce recueil, entrepris sous l'influence de M. de Calonne, intendant de Metz, est un des titres de l'ancienne académie de Metz à la reconnaissance de la province. La matière que traitent ces différens mémoires est toujours intéressante pour Metz. Elle va le devenir bien plus encore, si le projet d'ouvrir un canal du Rhin à la Seine, par la Moselle, la Meuse et la Marne, s'exécute. Ce canal doit traverser le département de la Meurthe, de Sarrebourg à Toul. Si la Moselle est rendue navigable de Toul à Sierck, ce canal nous sera profitable; il ruinera au contraire toutes nos relations avec l'étranger, si la Moselle reste dans le triste état où elle est maintenant; cette vérité alarme déjà le commerce de Metz.

Ce fut M. Gardeur-Lebrun, ingénieur de la ville, qui fut chargé par M. de Calonne d'examiner avec le plus grand soin le cours de la Moselle, et qui indiqua avec précision les obstacles physiques de la libre navigation de cette rivière.

Ce volume est sans nom d'imprimeur; l'académie le fit imprimer, sous son privilège, chez Claude-Sigisbert Lamort.

rurent le premier volume de l'Histoire de Metz, et les premiers volumes de l'important Recueil de M. Emmery [200].

Une troisième imprimerie fut jugée tellement nécessaire, que M. De Pont, intendant des Trois-Évêchés, la sollicita. D'après sa demande et l'appui de M. Cœurderoy, premier président au parlement de Nancy, le jeune Claude Lamort, de Nancy, fils de l'imprimeur Claude-Sigisbert, en fut pourvu. Élève de François-Ambroise Didot aîné, Claude Lamort, laborieux autant qu'instruit, fonda un établissement qui a joui d'une prospérité constante pendant 43 ans.

89. Mes citations pour les publications de Claude Lamort ne seront pas plus complètes que pour les autres imprimeurs; elles auront néanmoins de l'étendue, parce que j'ai sous les yeux des notes détaillées.

Ouvrages de M. le Baron de Bock. [201]

Recherches philosophiques sur l'origine de la pitié
et divers autres sujets de morale.
Londres (Metz). 1787. — In-12, 1 vol., 303 pag.
(sans noms d'auteur ni d'imprimeur).

[200] Recueil des édits, déclarations, lettres-patentes et arrêts du conseil, enregistrés au parlement de Metz; ensemble des arrêtés de réglemens rendus par cette cour, etc.

[201] M. de Bock est cité dans un ouvrage moderne avec

La vie de Frédérick, baron de Trenck, écrite par lui-même; traduite de l'allemand par M. le baron de B***.

Metz, Claude Lamort. — 1re édition. 1787.

2° Édition. 1787. 2 vol. in-12. — 3° Édition. 1788. 2 vol. in-12.

OEuvres diverses.—Tome Ier, contenant 1° un Essai sur l'histoire du Sabéïsme, auquel on a joint le catéchisme de la religion des Druses; 2° un Mémoire historique sur le peuple nomade, appelé en France *Bohémiens*, et en Allemagne *Zigeuner*, avec une planche de caractères inconnus. — 1788.

le prénom de François, et comme étant né à Thionville le 24 mai 1744; ces détails sont inexacts. Jean-Nicolas-Etienne, baron de Bock, fils d'Etienne et d'Elisabeth Hennequin, est né à Thionville le 14 janvier 1747. Militaire dès sa tendre jeunesse, il eut la survivance de la charge de lieutenant des maréchaux de France, que son père avait remplie d'abord à Vic, puis à Thionville. Il lui succéda et vint se fixer à Metz, où il fut membre de l'assemblée des trois ordres de la ville, pour la noblesse. Emigré au commencement de 1792, il rentra en France à l'époque de l'amnistie, et obtint, par les soins de M. Colchen, alors préfet de la Moselle, sa radiation de la liste fatale. Nommé conseiller de préfecture à Luxembourg, pendant la réunion, il y est mort en 1809, y laissant, ainsi qu'à Metz et à Thionville, un nom justement honoré.

M. le baron de Bock cultiva les lettres durant toute sa vie; Buffon fait mention de lui dans un de ses supplémens. Tom. VI. Pag. 142. Ed. de Paris. In-4°.

Tome II, contenant les Apparitions, le Voyageur, le Tribunal secret, etc.

Metz, Claude Lamort.

Histoire de la guerre de sept ans, par M. d'Archenholtz; traduit de l'allemand par M. le baron de Bock.

Metz, Claude Lamort. 1789. — 2 vol. in-12, avec fig.

Herman d'Unna, ou Aventures arrivées au commencement du 15° siècle, dans le temps où le Tribunal secret avait la plus grande influence; trad. de l'all. par J. N. E. de Bock.

Metz, Claude Lamort. 1791. — 2 vol. in-12.

Le Tribunal secret, drame historique en cinq actes, précédé d'une notice sur cet étrange établissement; trad. de l'all. par J. N. E. de Bock.

Metz, Cl. Lamort. 1791. — In-8°.

L'impression des 5ᵉ et 6ᵉ vol. de l'Histoire de Metz, contenant la suite des preuves, fut faite à frais communs entre les Échevins de la ville et M. Lamort.

Tome V. 1787. — In-4°, 787 pages.

L'approbation donnée par l'académie de Metz n'indique pour éditeur de ce volume que Dom Nicolas Tabouillot, prieur de Saint-Symphorien de Metz, et membre de cette académie. Les académiciens examinateurs, délégués par la société, étaient M. Emmery, avocat, et M. Laubrussel, président de la chambre des requêtes du Parlement.

Les actes que contient ce volume sont de 1423 à 1463; ceux du volume suivant, de 1464 à 1525.

Tome VI. 1790. — In-4°, 806 pages.

Plusieurs volumes devaient suivre celui-ci; mais la révolution ne l'a pas permis : l'Histoire de Metz et le Recueil de M. Emmery sont restés imparfaits.

Annales de Metz, depuis l'an 1724 inclusivement; par feu M. Baltus, notaire, ancien conseiller-échevin de l'Hôtel de ville, pour servir de supplément aux preuves de l'Histoire de Metz.

Metz, Claude Lamort. 1789. — In-4°, 359 pag.

Cet ouvrage utile et dépourvu de toute prétention littéraire, parut par les soins de Dom Tabouillot, qui mit en ordre le manuscrit du laborieux Jacques Baltus; il se termine en 1759.

Les tomes 1 et 2 du Supplément du Dictionnaire des Jardiniers, de Philippe Miller, traduit et augmenté de l'anglais par M. de Chazelles, avec des notes relatives à la physique et à la matière médicale, par M. Holandre [202].

Claude Lamort. 1790. — In-4°.

[202] M. Holandre, natif de Fresne, a été professeur d'histoire naturelle à l'école centrale de la Moselle, pour les règnes animal et végétal. M. Cheuvreusse, pharmacien à Metz, était son adjoint pour le règne végétal; ce dernier est l'auteur de la partie de l'histoire naturelle dans la statistique de la Moselle, in-folio. An IX.

Le célèbre ouvrage de Philippe Miller (The Gardener Dictionnary) a été traduit en entier par le président Chazelles [203]. Le supplément seul a

[203] M. de Chazelles (Laurent-Marie), né à Metz le 28 juillet 1724, y est mort le 28 mai 1808, et n'a cessé toute sa vie d'appartenir à cette ville. Président à la grande chambre du parlement en 1754, et membre de l'académie lors de sa fondation en 1760, ce magistrat, dans sa vie laborieuse et appliquée, n'avait pas exclu l'étude de l'histoire naturelle, qui avait créé en lui le goût de la culture des plantes. C'est pour satisfaire ce penchant qu'il fit bâtir le château de Lorry-devant-le-Pont : les jardins et les serres de cette belle résidence ont attiré, pendant quarante ans, les étrangers qui visitaient avec un égal intérêt le domaine de Colombey, planté par un autre messin, le baron de Tschudy *.

M. de Chazelles avait fixé près de lui M. Coutié, habile botaniste-cultivateur, qui dirige encore aujourd'hui le jardin des plantes de la ville de Metz. C'est à Lorry que le président Chazelles passa nos temps d'orages politiques, sans porter ombrage aux méchans, parce que la passion des sciences naturelles semble exclure tout ce qui appartient à la politique ; les naturalistes ne conspirent pas ; c'est un peuple inoffensif.

En 1800, M. de Chazelles sortit de sa retraite ; M. Colchen, préfet, le fit nommer membre du conseil général du département ; il fut le président de cette assemblée pendant les cinq premières sessions.

Dans la Biographie univ. (VIII, 316. — XXIX, 37), M. du Petit-Thouars a confondu le président Chazelles, traducteur du Dictionnaire des jardiniers, de Philippe

* M. le baron de Tschudy (Jean-Baptiste-Louis-Théodore), né à Metz le 25 août 1734, d'une famille originaire de Glaris ; mort à Paris le 7 mars 1784.

été imprimé à Metz ; les 8 premiers volumes ont paru à Paris, 1785 et suiv. Il existe à Metz quelques exemplaires tirés sur beau papier et dont les gravures ont été enluminées par M. de Chazelles lui-même.

90. La Collection des lois romaines, traduites en français, est l'entreprise la plus considérable que M. Lamort ait faite ; à l'époque où elle commença, elle parut colossale, et l'on ne pouvait lui comparer alors aucune affaire typographique dans la capitale. Depuis longtemps on la méditait ; M. de Behmer, homme entreprenant, aperçut la possibilité de l'exécution ; il s'associa à un homme habile, et le projet fut conduit à bonne fin.

M. Hulot (   ), avocat au Parlement de Paris, et professeur à la Faculté de droit, conçut, sous le règne de Louis XV, le projet de traduire les 50 livres du Digeste et les Institutes. Encouragé par les suffrages des jurisconsultes les plus éclairés, et surtout par celui du célèbre Robert-Joseph Pothier, il consacra à cette traduction un travail assidu de plus de vingt années, et accomplit avec courage cette tâche utile autant que pénible. L'ouvrage fut annoncé

Miller, avec M. Chazelles de Prisy, nommé en 1791 membre du bureau de comptabilité nationale, et l'une des victimes du 10 août. Cet article de la Biographie est entièrement à refaire.

et proposé par souscription. La Faculté de droit de Paris, qui enseignait en latin, craignit qu'une traduction du corps de droit ne nuisît à ce mode d'instruction; elle parvint à faire révoquer le privilége qu'avait obtenu M. Hulot, en 1764; on prétendit qu'il était impossible de bien rendre en français le texte des lois romaines, et que d'ailleurs ce texte, devenu trop vulgaire et mis à la portée des praticiens, ne ferait que multiplier les procès. Si pareil raisonnement eût été fait il y a vingt-cinq ans, nous n'aurions pas pour loi unique un Code civil qui est à la portée de tout le monde, et la France *jouirait* encore de ses coutumes et des mille et une lois en usage dans telle province et non dans telle autre.

M. Hulot mourut. Ses héritiers crurent, en 1782, pouvoir reprendre le même projet : la même corporation s'interposa de nouveau; l'obstacle prévalut, et les manuscrits restèrent enfouis jusqu'en 1803. C'est alors que M. de Behmer traita avec les héritiers Hulot; il s'associa, le 22 janvier 1804, avec M. Lamort, pour imprimer les écrits de M. Hulot à 5,500 exemplaires; des écrivains furent chargés de la traduction des autres parties du droit romain; ce qui fut fait plus ou moins heureusement.

Voici le détail de cette collection et de ses appendices, comme doivent les contenir les bibliothèques des magistrats, de tous les hommes de lois, à côté des OEuvres de Domat, de Pothier, de notre contemporain Toullier, qui, de son vivant, jouit d'une renommée dont l'écrivain ne jouit ordinairement qu'après sa mort.

1° Les cinquante livres du Digeste ou des Pandectes de l'empereur Justinien; trad. par Hulot et Berthelot.

Metz, Behmer et Lamort. 1803 à 1805. — 7 vol. in-4°, ou bien 35 vol. in-12.

2° Les Institutes de l'empereur Justinien; trad. par Hulot. — Le Trésor de l'ancienne jurisprudence romaine; trad. par P. A. Tissot et G. A. Daubenton.

Metz, Behmer et Lamort. 1806. — 1 vol. in-4°. — 5 vol. in-12.

3° Les douze livres du Code de l'empereur Justinien; trad. par P. A. Tissot [204].

Metz, Lamort. 1807 à 1810. — 4 vol. in-4°. — 18 vol. in-12.

4° Les Novelles de Justinien et de Léon, trad. par M. Bérenger fils.

Metz, Lamort. 1811.

5° La Clef des lois romaines, ou Dictionnaire analytique et raisonné de toutes les matières contenues dans le corps de droit, etc.; par Fieffé-Lacroix.

Metz, Lamort. 1809-1810. — 2 vol. in-4°. — Non tiré dans le format in-12.

[204] M. Tissot (Pascal-Alexandre). Biog. des hommes vivans. V. 462.

On joint ordinairement à la collection de M. Lamort le volume suivant :

Les Élémens de la jurisprudence, suivis du détail des matières contenues dans le Digeste, le Code et les Novelles; de la signification des termes et des règles du droit ancien, qui, avec les notes analytiques dont ils sont enrichis, contiennent en général toutes les matières renfermées dans le corps de droit, et la conférence du Code Justinien avec le Code civil. Traduits en français, avec le texte latin à côté, par Fieffé-Lacroix, de Neuf-Château (Vosges), auteur de la Clef des lois romaines. Metz, C.-M.-B. Antoine. 1807. — In-8°.

La collection totale est de 16 vol. in-4°; ou bien de 69 vol. in-12 et de 2 vol. in-4°.

Le format in-4° a été tiré sur papiers vélin, fin et ordinaire; le format in-12, sur papiers fin et ordinaire.

91. M. Lamort est le fondateur d'un journal intitulé l'*Abeille de la Moselle*, titre qu'avait eu à Metz un autre journal, publié chez M. Verronnais.

La nouvelle Abeille de la Moselle a commencé en 1820; elle paraît les mardi et vendredi.

M. Claude Lamort est mort à Metz, le 25 janvier 1828, à l'âge de 70 ans; un de ses fils vient d'obtenir le brevet d'imprimeur.

DE BEHMER (Frédéric-Guillaume-Henri.)

1794 à 1807.

92. Il est mort à Paris le 7 juillet 1807. Des événemens politiques entraînèrent à Metz Frédéric de Behmer, et y amenèrent ses presses et le fonds de sa librairie.

Le débit des OEuvres complètes de Buffon, imprimées à Deux-Ponts, a donné lieu à une contestation qui a eu de la célébrité sous le rapport des questions nouvelles qu'elle a soulevées, et sur laquelle on a publié plusieurs mémoires. Voici quelques détails sur ce procès et sur les faits antérieurs concernant M. de Behmer :

Celui-ci était imprimeur à Deux-Ponts; là, hors de l'action des lois françaises, il publiait et débitait des livres qui, en France, appartenaient au domaine privé, et étaient la propriété des auteurs ou le patrimoine des familles; de ce nombre étaient les OEuvres de notre immortel Buffon, imprimées en 54 volumes in-12, de 1785 à 1791, par la compagnie Sanson, et dont Behmer acheta le fonds, devenant ainsi, au moyen de cette rétrocession, l'éditeur de l'ouvrage contrefait.

En octobre 1793 nos troupes occupèrent Deux-Ponts et toute la principauté; bientôt des commissaires délégués par la convention y exercèrent leurs fureurs ; Behmer, saisi comme ôtage, fut conduit et incarcéré à Metz; ses presses et ses magasins furent séquestrés. Cet état de choses, si préjudiciable à ses intérêts, cessa lorsque par des arrêtés des 1er nivôse et 18 germinal an 3, des représentans du peuple ordonnèrent la restitution de l'imprimerie et du fonds de librairie de Behmer, « avec toutes leurs dépendances, à condition qu'il « fixerait son domicile à Metz. » Son établissement une fois fixé dans cette ville, Behmer y vendit les OEuvres de J.-J. Rousseau, en 39 vol. in-12; les OEuvres de Voltaire, 100 vol. in-12; enfin les OEuvres de Buffon.

En avril 1798, Madame de Buffon fit saisir les exemplaires de l'ouvrage de son beau-père, et traduisit Behmer devant le tribunal civil de Metz.

Le jugement de première instance et celui de la Cour d'appel de Metz furent favorables à l'étranger, devenu français malgré lui.

Par le premier, daté du 24 août 1799, le tribunal civil, admettant les motifs présentés par Behmer, annulla la saisie, avec une allocation de 1500 francs de dommages-intérêts. Le jugement d'appel, du 1er septembre 1800, maintint la décision des premiers juges, sauf la condamnation pécuniaire dont Madame de Buffon fut déchargée.

Il y eut pourvoi en cassation : la Cour suprême,

sur le rapport de M. Vasse (de l'Aisne), accueillit les motifs du pourvoi. Le jugement d'appel fut cassé le 17 août 1803. Voici les motifs de cet arrêt que rapportent tous les recueils de jurisprudence [205] :

« Vu les articles 1, 2, 3 et 7 de la loi du 19
« juillet 1793 ;

« Attendu qu'il n'a point été méconnu que la
« demanderesse est veuve et donataire universelle
« de Louis-Georges-Marie Leclerc de Buffon, fils
« et héritier de l'auteur de l'Histoire naturelle ;

« Attendu que la saisie exercée à la requête de
« la demanderesse, l'a été avant l'expiration des
« dix années du décès de l'auteur [206] ;

« Attendu que Frédéric Behmer, tant qu'il a
« demeuré en pays étranger, a pu y contrefaire
« et y débiter l'ouvrage de Buffon, sans être
« atteint par les lois françaises ; mais que du mo-
« ment que Behmer a fait ce débit sur l'ancien

---

[205] Journal du palais, in-8°, an XII, n° 182, pages 5 à 10.—Répertoire universel de Merlin, au mot Contrefaçon.—Jurisprudence de la Cour de cassation, de J.-B. Sirey, an XII, pages 33 à 41.

[206] M. le comte de Buffon est mort à Paris le 16 avril 1768. Il avait obtenu pour ses ouvrages un privilége de 40 ans, devant échoir par conséquent le 16 avril 1798. La signification faite à Behmer eut lieu le 18 germinal an VI (8 avril 1798), c'est-à-dire huit jours avant l'expiration du délai.

« territoire de la France, la dame veuve Buffon
« a pu employer contre lui la voie que les lois
« de France lui donnaient pour arrêter et ré-
« primer la vente d'une édition faite contre le
« droit de l'auteur et de ses héritiers;

« Attendu que les arrêtés des représentans du
« peuple dont Behmer excipe ne l'ont point au-
« torisé à débiter en France l'ouvrage de Buffon,
« au préjudice d'un tiers;

« Attendu que les décrets du mois d'août 1789,
« qui ont aboli les priviléges et distinctions, et
« rendu la presse libre, n'ont aucun rapport avec
« la propriété acquise à l'auteur sur son ouvrage,
« et qui n'est que l'indemnité légitime de son
« travail et le prix naturellement dû des lumières
« qu'il répand dans la société;

« Qu'ainsi le tribunal d'appel de Metz a fausse-
« ment appliqué les décrets d'août 1789 et violé
« formellement la loi du 19 juillet 1793;

« Le tribunal casse......... etc. »

La perte de ce procès porta atteinte à la fortune de Behmer.

Lié d'intérêt, en 1803, avec M. Lamort, c'est en société avec lui que commença la vaste entreprise de l'impression de la traduction du corps du Droit romain; il en a été question à l'article de M. Lamort, page 172.

93. M. de Behmer a publié seul différens ouvrages :

De la Fièvre en général, de la Rage, de la Fièvre jaune et de la Peste. Du traitement de ces maladies, d'après une méthode nouvellement découverte, par M. Godfroi-Chretien Reich, docteur et professeur en médecine, de l'université d'Erlangen, etc.; traduit de l'allemand par Jean-Nicolas-Etienne de Bock. [207]

De l'imprimerie de Behmer, à Metz. An IX (1800).

In-12. — 86 pages.

Traitement de différentes maladies guéries par M. le docteur Reich, avec le remède qu'il a nouvellement découvert, pour faire suite à son traité sur les fièvres, la peste, la rage, etc.; traduit de l'allemand par Jean-Nicolas-Etienne de Bock.

De l'imprimerie de Behmer, à Metz. An IX (1800).

In-12. — 262 pages.

Mémoire sur la Peste, pour faire suite au traité sur les fièvres, la peste, la rage, etc., du docteur Reich, etc.; traduit de l'allemand par Jean-Nicolas-Etienne de Bock.

De l'imprimerie de Behmer, à Metz. An IX (1801).

In-12. — 106 pages.

Mémoires de la Société libre d'agriculture établie à

---

[207] Voir page 167, note 201.

Metz pour le département de la Moselle [208]. Tome Ier. An XI.

Metz, Behmer, imprimeur, rue de la Paix. An XI (1803).

In-8°. jv et 199 pages.

Ce recueil contient des mémoires de MM. Décosse, Holandre, Tribout, Goussaud, Ferry, Desprez, et l'analyse de notes fournies par MM. Robillard, Renaud (de Sarrelouis), Mangin (de la Ville-aux-Prés), Guillaume (de Longuyon), Courtois (de Longuyon), Bertin (de Mars-la-Tour), l'abbé de Commerell (de Puttelange), Lasalle (de Bas-Limberg), sur l'état de l'agriculture dans plusieurs cantons du département.

[208] La Société d'agriculture, créée en 1802 sous les auspices de M. Colchen, a langui pendant plusieurs années et a fini par cesser d'exister. Réorganisée en 1817 par M. le comte de Tocqueville, Préfet de la Moselle, sous le titre de Société d'encouragement de l'agriculture et de l'industrie, elle cessa de se réunir après quelques séances et sans avoir fait aucune publication. En 1825, la Société des lettres, sciences et arts, de Metz, réunit à son titre celui de *Société d'agriculture*, d'après le vœu exprimé par le Conseil général du département. Le 5 septembre 1828, le Roi, entouré des membres de cette Société, a daigné leur annoncer qu'il venait, par une ordonnance *signée le matin*, de l'ériger en *académie royale*.

Veuve ANTOINE et Fils. 1785 à 1792.

94. Cette raison de commerce commença à la mort de Joseph Antoine, et dura jusqu'en 1792, époque où Charles-Marie-Brice reprit à son compte seul l'établissement de sa famille, place des Charrons.

Le titre d'imprimeur du Roi fut conservé à la veuve Antoine et fils; ils en jouirent jusqu'à sa suppression, et furent chargés des impressions de la plupart des diverses autorités publiques que les phases de la révolution nous amenèrent.

L'on se rappelle quelle activité eurent longtemps les presses consacrées aux lois, aux proclamations, aux arrêtés, aux listes, aux délibérations, aux discours de tant de corps constitués.

De tout ce monceau typographique, il y a bien peu d'écrits à citer. J'excepterai de cette proscription quelques volumes qui intéressent l'histoire de la province.

Procès-verbal des séances de l'assemblée provinciale des Trois-Evêchés et du Clermontois, tenue à Metz au mois d'août 1787.
Précédée des différentes lois qui ont rapport à son établissement.
Veuve Antoine et fils, imp. du Roi et de l'assemblée provinciale. 1787.

In-4°. — 505 pages, non compris 1° 15 pages

de table des matières et plusieurs tableaux; 2° lxxj pages contenant divers actes du gouvernement; 3° 19 pages contenant le réglement du Roi, du 5 août 1787.

Ce procès-verbal, rédigé en très-grande part par M. Berteaux (Nicolas-François), secrétaire de l'assemblée, fait honneur à ses lumières et à ses talens. M. Berteaux en a donné de nouvelles preuves dans les fonctions de secrétaire-général du département de la Moselle, en 1790, et de la préfecture, en 1800; il est mort à Metz, sa patrie, le 3 mai 1820.

Procès-verbal de la session du conseil du département de la Moselle. 1791.
Metz, veuve Antoine et fils, imp. du département. Décembre 1791.

In-4°. — 208 pages, non compris 15 états ou tableaux cotés d'A à P.

Cet écrit appartient à notre histoire. Quel souvenir rappelle la vue des signatures des membres du conseil général de la Moselle! Que de victimes parmi eux! Ce n'est qu'avec respect, mais avec le sentiment le plus douloureux, que sont prononcés les noms de Poutet, Seiquer, Collin, Courtois[209], Flosse, Thibault, Boler, Géant,

[209] M. Courtois a publié, dans des ouvrages périodiques, des poésies fugitives, sous le nom de la *Muse Ardennoise*; elles n'ont pas été réunies.

Pierron, Briand, Wagner. La hache révolutionnaire les a frappés tous, sous l'accusation secrète d'être restés fidèles au Roi. Le motif ostensible de leur arrestation et de leur mise en jugement était la suspension de la vente de l'abbaye de Wadgasse, qui avait été réclamée par le prince de Nassau-Sarrebrück.

Recueil des lois, coutumes et usages observés par les Juifs de Metz. — Translaté en français.
Metz, veuve Antoine et fils. 1786. — In-12.

Recueil des édits, déclarations, lettres-patentes et arrêts du conseil, enregistrés au Parlement de Metz; ensemble des arrêts de réglemens rendus par cette cour, etc.
Constitutiones principum nec ignorare quemquam, nec dissimulare permittimus.
(*L. 12. Cod. de Jur. et fact. ign.*)
Metz, veuve Antoine et fils, imp. du Roi et du Parl. — In-4°.

Tome III. 1786. — 642 pages, sans xiij pages de table chronolog.

Tome IV. 1787. — 660 pages; plus, xx pag. de table.

Tome V. 1788. — 660 pages; plus, xviij de table.

Les deux premiers volumes de ce recueil ont été imprimés à Nancy, chez Claude-Sigisbert Lamort.

Le 1ᵉʳ 1774. — 727 pages; plus, jv d'avertissement et xxiij de table chronol.

Le 2ᵉ 1776. — 718 pages; plus, xxvj de table.

Nous avons souvent cité cette collection, due aux recherches de M. Emmery (Jean-Louis-Claude)[210], né à Metz le 26 avril 1742. Les notes que ce savant jurisconsulte a jointes aux actes qu'il a publiés ont donné à son recueil de l'intérêt pour ceux qui veulent connaître l'histoire de notre province.

Le titre de *Recueil des édits* n'annonce qu'une sèche collection de lois, aujourd'hui sans application. Les notes ont étendu la matière et ont très-souvent développé des points obscurs de nos annales. Ce recueil est donc un supplément indispensable à la grande histoire de Metz.

L'avertissement du tome Iᵉʳ promettait un mémoire historique où devaient être exposés l'état ancien de la province des Trois-Evêchés, et notamment celui de la ville de Metz, avant la révolution de 1552; les progrès que l'autorité royale fit dans ce pays jusqu'en 1633; les motifs de l'établissement du parlement, et les avantages que nos rois et les peuples de la province ont également tirés de l'érection de ce tribunal. Ce mémoire n'a pas paru.

[210] Page 20, note 19 de ce vol. — Biog. des hommes vivans. II. 521.

95. On attribue à M. Emmery un écrit sans frontispice, sans date ni nom d'imprimeur, intitulé: *Faits concernant la ville de Metz et le pays messin*. 76 pag. in-8°. Son but principal était d'obtenir pour la province le rétablissement des attributions et du privilége de l'assemblée des Trois-Ordres.

Ce ne fut pas M. Emmery qui publia les trois derniers volumes du Recueil des édits [211]; ses portefeuilles furent acquis par M. Rœderer [212], alors conseiller au parlement de Metz.

L'entreprise ne se fût point arrêtée au 5e volume, sans la révolution. Le dernier acte publié appartient à l'année 1671 : il aurait fallu au moins quatre autres volumes pour atteindre les actes contemporains.

Si l'impression du Recueil eût été productive, l'intention de M. Rœderer était d'en consacrer le bénéfice à la publication de quelques-uns des ouvrages de M. Gabriel.

[211] Affiches des Evêch. et Lorr. 1781. N° 17.

[212] M. Rœderer (Pierre-Louis), né à Metz le 15 février 1754; avocat au Parlement de Metz, en 1771; puis conseiller au même parlement, à la chambre des enquêtes Tournelle; député aux états-généraux, le 27 octobre 1789, etc. — Biog. des homm. vivans. V. 221 à 225.

ANTOINE aîné (Charles-Marie-Brice), fils de Joseph.

1792 à 1824.

96. Une éducation soignée, jointe à de l'esprit naturel, à une conception rapide, l'avait rendu de bonne heure propre à la carrière typographique, à laquelle, dès sa naissance, son père l'avait destiné; mais souvent les plus heureuses dispositions fléchissent devant les passions. Brice en donna un exemple à sa famille. La vie réglée de la maison paternelle, les travaux que ramenait chaque jour, l'assiduité qu'ils exigeaient, lui inspirèrent du dégoût. Né dans une ville toute militaire, la carrière des armes le séduisit, quoique toute chance de fortune y fût fermée à la bourgeoisie. C'était d'ailleurs à une époque où une paix générale privait de l'occasion de se signaler; c'était aussi dans un temps où il n'était que trop commun de voir la valeur oisive de la milice française tourner contre elle-même ses propres armes. Brice, brave comme le sont tous les messins, mais emporté et livré à tous les goûts militaires, se laissa entraîner par cette fureur de duel, à peine connue aujourd'hui. Son adresse une fois trahit son courage : une ineffaçable trace consacra cet événement, qui valut au jeune Antoine, à son retour

dans sa patrie, le même surnom qu'a illustré le duc François de Guise.

Revenu dans sa patrie, après plusieurs années de service, Brice Antoine prit l'état de ses ancêtres. Il fut l'associé de sa mère, puis devint seul propriétaire de l'imprimerie : ce qui a duré jusqu'en 1824, époque à laquelle M. Charles Dosquet, époux d'une nièce de Brice, a repris cette imprimerie biséculaire.

Parmi les événemens divers qui ont agité la vie du dernier des Antoine, nous citerons seulement un incendie qui détruisit l'établissement en 1801. Tout périt : Antoine perdit et l'héritage de sa famille et ses propres épargnes ; mais il avait acquis une réputation de loyauté qui lui servit de caution. On s'empressa de venir à son secours ; les offres prévinrent les demandes. Une nouvelle imprimerie, rue Cour-de-Ranzières, s'éleva et prospéra ; le débiteur, libéré dans le temps que lui-même avait fixé à ses généreux amis, fit naître une autre fortune.

M. Antoine a toujours joui de la confiance de MM. les Préfets de la Moselle : l'un d'eux lui en a donné des preuves en confiant à ses presses les essais d'une muse encore timide, qui, plus tard, ont paru avec éclat dans le monde littéraire.

En 1814, il reçut le titre d'imprimeur du Roi, dans lequel il n'a pas encore aujourd'hui de successeur.

Il était imprimeur de la préfecture, de la cour royale, de l'administration de l'enregistrement et des domaines, de celle des hospices, de la direction des contributions, etc.

En 1824, M. Antoine s'est retiré à Docelles, département des Vosges; avec lui a disparu le nom d'Antoine de la carrière typographique.

Il est mort, âgé de 70 ans, dans la retraite qu'il avait choisie, le 10 avril 1828.

97. M. Antoine, imprimeur habile et lettré, a publié un grand nombre d'ouvrages. La liste que nous allons en donner est bien loin d'être complette.

Nouveau dictionnaire portatif de la langue françoise, composé d'après les ouvrages les plus nouveaux en ce genre, auxquels on a ajouté, entr'autres choses, tous les mots récemment adoptés dans la chimie, la botanique et les différens arts; par le C^{en} C*** (Collette), homme de lettres. [213]
Metz, C.-M.-Brice Antoine. An XI (1803).

Deux vol. — Le 1er volume, de XXXII et 754 pages; le 2e, de 755 pages.

Ouvrage imprimé avec élégance. Les défauts

---

[213] Dom Collette, ancien prieur de l'abbaye de Saint-Symphorien de Metz, et principal du collége; mort en 1827, dans un âge très-avancé, chanoine honoraire du chapitre de la cathédrale de Metz.

que les grammairiens ont reprochés à ce dictionnaire appartiennent à l'auteur et non à l'imprimeur.

ΙΛΙΑΔΟΣ ΡΑΨΩΙΔΙΑ Γ

(Le troisième chant de l'Iliade.)

Metz, chez Devilly, libraire. De l'imprimerie d'Antoine, aîné. 1805.

Une feuille et demie, sans pagination.

Cet opuscule, tiré à petit nombre pour l'usage des élèves du lycée de Metz, a été publié par les soins de M. Mollevaut aîné (Gabriel-Etienne), élève du célèbre d'Ansse de Villoison, et alors professeur de seconde dans ce lycée.

M. Mollevaut a suivi le texte de l'édition de C.-G. Heyne (Leipsick, 1802. 2 vol. in-8°); il a employé la ponctuation latine et n'a point exprimé l'esprit doux ni l'accent grave : le signe (') devant une voyelle indique le *digamma* homérique. Une édition classique faite avec ces utiles innovations serait fort avantageuse dans nos colléges.

M. Mollevaut aîné est aujourd'hui l'un des sous-supérieurs du séminaire de Saint-Sulpice.

Il avait entrepris un travail considérable sur l'histoire de la langue et de la littérature grecque. Cet écrit, pour lequel d'Ansse de Villoison avait remis à l'auteur des notes et des observations, devait être précédé de la traduction du Manuel de l'histoire de la littérature grecque, publié en allemand, à Berlin, en 1802, par Rienacher. Il ne paraît pas que M. Mollevaut aîné ait terminé cet ouvrage.

Traduction libre, en vers, d'un fragment des métamorphoses d'Ovide; précédée de lettres philosophiques, et suivie de quelques poésies fugitives. Par M. P.[1] de Gourcy.
Metz, C.-M.-B. Antoine. 1806.
In-18. — VIII et 272 pages.

Cette traduction ne comprend qu'une partie du 13e livre des métamorphoses; elle n'occupe que 40 pages de ce volume.

L'avis de l'éditeur est signé D. M. L.

Mémoire adressé à la Société de médecine de Montpellier, sur la propriété qu'a la vaccine de préserver de la petite vérole. Par Pierre-Etienne Morlanne [214], ancien chirurgien à l'hôpital militaire

---

[214] M. Morlanne a été l'un des propagateurs les plus zélés de la vaccine dans le département de la Moselle. Le comité central de vaccine lui a décerné plusieurs médailles et a souvent mentionné honorablement ses travaux dans les rapports annuels sur les vaccinations pratiquées en France.

Les Messins n'oublieront pas que M. Morlanne est le fondateur de l'institution des sœurs de la Charité maternelle, maintenant sœurs de Sainte-Félicité.

de Metz, membre du comité de vaccine, professeur d'accouchemens à l'école-pratique établie dans la même ville; associé correspondant de la société de médecine-pratique de Montpellier, de celle de Verdun; administrateur et trésorier honoraire de la Charité maternelle de Metz.

Imprimé par ordre de M. le Préfet, d'après le vœu de la société d'agriculture, arts et commerce du département.

Metz, C.-M.-B. Antoine, imprimeur de la société d'agriculture (sans date, mais publié en 1806).

In-8°. — 52 pages.

M. Morlanne a publié à Metz un ouvrage périodique ayant pour titre :

Journal d'accouchemens, ou Recueil périodique d'observations sur les accouchemens; Maladies des femmes qui y ont rapport; Autopsies cadavériques; Vaccine.

Les numéros de ce journal ont été réunis en deux volumes in-8°. Le 1er de 406 pages, plus 6 tableaux. An XII. Le 2e de 368 pages, plus 3 tableaux. An XIII.

Ces deux volumes ne portent pas le nom de l'imprimeur; ils sortent des presses de M. Pierret.

Nous citerons encore de M. Morlanne :

Essai sur les accouchemens contre nature, ou Méthode assurée de délivrer les femmes quand le fœtus est dans une mauvaise position, ou que des accidens ne permettent point de confier le travail à la nature.

Imprimerie de Pierret, à Metz. Juillet 1802.

In-8°. — 119 pages.

Mémoire sur le traitement des maladies épizootiques les plus communes dans le département de la Moselle, et sur les prairies naturelles et artificielles; par C. Tribout, artiste vétérinaire et membre de la société d'agriculture, arts et commerce du département de la Moselle.

Metz, Antoine. 1807. — In-8°.

Le Système métrique appliqué aux anciennes mesures du département de la Moselle ; précédé des notions élémentaires sur le calcul décimal; du tableau des communes, avec indication du canton de justice de paix où chacune ressortit; enfin de l'état général des anciennes mesures usitées dans toutes les communes.

Dédié à M. de Vaublanc, par F. Daulnoy, chef du bureau spécial du cadastre.

Metz, 1807.

In-12. — 354 pages. — Sans nom d'imprimeur.

L'impression de cet ouvrage, aussi complet que méthodique, a été terminée par M. Antoine. L'auteur en avait commencé l'impression par lui-même et chez lui, et avait conduit cette entreprise jusqu'à la moitié, lorsqu'il la remit à M. Antoine.

Notre département a plusieurs autres ouvrages sur le système métrique :

1° Traité des mesures générales et de localités, ou Manuel métrique, administratif et élémentaire de la contribution foncière, comparée aux autres mesures.... Par J.-B^{te} Renard, contrôleur des contributions, à Metz.
Metz, Cl. Lamort. An X (1802).
Deux vol. in-8° oblong.

2° Le Régulateur des marchés dans le département de la Moselle..... (Par Louis-Philippe Mangay.)
Metz, Pierret. An X (1802). — In-12.

L'appréciation du monde; ouvrage traduit de l'hébreu (de Jedaia-Happenini-Bedraschi) par Michel Berr[215], avocat; avec une préface du traducteur.
Metz, B. Antoine. 1808.
In-8° de xviii et 49 pages.

L'ouvrage du rabbin Bedraschi et la traduction de M. Berr ont fait l'objet d'un article critique fort curieux, inséré par M. le baron Silvestre de Sacy dans le Magasin encyclopédique de M. Millin.

[215] Biogr. des hommes vivans. I. 309. — Biog. nouv. des contemp. I. ooo. — M. Berr est né à Nancy; il est membre correspondant de l'académie royale de Metz.

Manuel de la cuisine, ou l'art d'irriter la gueule ; par une société de gens de bouche.

Miscuit utile dulci.
Horat.

Metz, C.-M.-B. Antoine, éditeur. 1811.

Ce volume est dû aux loisirs d'un ancien colonel du génie, M. de C.... Je ne sais pourquoi il a cru nécessaire, en donnant cet ouvrage, de n'y pas mettre son nom. M. Brillat de Savarin, conseiller à la cour de cassation, a publié un ouvrage gastronomique qui a ajouté à sa réputation d'homme de goût et de littérateur instruit.

Dictionnaire du département de la Moselle, contenant une histoire abrégée des anciens rois de Metz, de la république messine, des évêques de Metz, des monumens civils et religieux du pays, et un dictionnaire des villes, des bourgs et des villages qui composent le département de la Moselle, avec des notes historiques et statistiques sur chacun d'eux ; par M. Viville, ancien secrétaire-général de la préfecture.

Metz, Antoine, impr. du Roi et de la préfect. 1817.

Deux vol. in-8°. — 1er vol., 511 pages ; 2e vol., xxxv et 452 pages. — La carte du département a été gravée par M. Michaud père, de Metz.

M. Viville a publié, en l'an XI et en l'an XII, deux annuaires statistiques du département de la Moselle, imprimés par M. Antoine : celui de l'an XI, 179 pages; celui de l'an XII, 193 pages; avec des tableaux et une carte gravée par M. Tavernier père, ingénieur des ponts et chaussées.

M. Viville a eu la plus grande part à la rédaction du « Mémoire statistique du département de « la Moselle, adressé au Ministre de l'intérieur, « d'après ses instructions, par le c^{en} Colchen, « Préfet de ce département, publié par ordre du « Gouvernement. »

Paris, imp. de la rép. An XI. — In-folio. — 196 pages.

Essai sur la greffe de l'herbe des plantes et des arbres.
Par M. le baron de Tschudy, bourgeois de Glaris [216].
Metz, Antoine, imprimeur du Roi et de la société d'agriculture. 1819.

In-8°. — 60 pages et une planche lithographiée.

Cahier classique sur le cours de construction, à l'usage des élèves de l'école royale de l'artillerie et du génie. Par J.-F. Soleirol, capitaine au corps royal du génie. — Seconde édition.
Metz, chez Antoine, imprimeur du Roi. Mai 1820.

In-8° de 421 et xv pages, avec 8 planches.

[216] M. de Tschudy (Jean-Joseph-Charles-Richard), ancien officier général, est mort le 14 août 1822, à l'âge de 58 ans; il avait été nommé, le 19 juillet 1820, associé correspondant de la société royale et centrale d'agriculture, séante à Paris.

Cet ouvrage n'a pas paru en entier en 1820. M. Dosquet en a imprimé, en 1824, la suite et la fin, formant 270 pages.

Observations physico-chimiques sur les alliages du potassium et du sodium avec d'autres métaux; propriétés nouvelles de ces alliages, servant à expliquer le phénomène de l'inflammation spontanée du pyrophore, et la cause des mouvemens du camphre sur l'eau. — Antimoine arsenical dans le commerce.

Par G.-S. Serullas [217], chevalier de la Légion d'honneur; pharmacien principal d'armée; pharmacien en chef, premier professeur de l'hôpital royal et militaire d'instruction de Metz.

Metz, Antoine, imprimeur du Roi. Septembre 1820.

In-8°. — 64 pages.

Second mémoire sur les alliages du potassium et sur l'existence de l'arsenic dans les préparations antimoniales usitées en médecine; par G.-S. Serullas, etc. Metz, Antoine, imprimeur du Roi. Mai 1821.

In-8°. — 44 pages.

[217] M. Serullas est aujourd'hui pharmacien en chef, premier professeur de l'hôpital royal et militaire du Val-de-Grâce, à Paris. Il a publié, pendant qu'il habitait Metz, plusieurs autres opuscules, qui ont été insérés dans les annales de chimie et de physique, et qu'il a fait imprimer séparément chez MM. Antoine et Dosquet.

L'Académie royale de Metz et la Société des sciences médicales de la même ville comptent M. Serullas au nombre de leurs membres.

Recherches sur les métastases, suivies de nouvelles expériences sur la régénération des os ; par Pierre-Marie-Joseph Charmeil, D. M.
Metz, Antoine, imprimeur du Roi. 1821.

In-8° de xix, 387 et viii pages, avec 2 planches lithographiées, dessinées par R. Dupuy, de Metz.

Le Ménestrel de la Moselle [218]. — Première année.
Metz, Antoine, 1821.

In-12. — 155 pages, avec gravure et titre gravés par M. M. Michaud. — M. L. Devilly, éditeur.

Ce recueil littéraire n'a pas été continué, et ce doit être un sujet de regrets. MM. Delcasso, Chanlaire, Legriel, ont-ils donc renoncé au culte des muses ?

Société des lettres, sciences et arts de Metz. — Années 1819 et 1820 [219]. — Séance générale du 15 avril 1821.
Metz, Antoine, imprimeur du Roi. Juillet 1821.

In-8°. — 80 pages.

---

[218] L'Abeille de la Moselle. N° 112. 5 janvier 1821. L'article est signé B. (Boquillon.)

[219] Les mémoires des années suivantes ont été imprimés dans le même format, chez C. Lamort ; voici la note exacte de ces volumes :

Années 1821-1822. Mai 1822. 141 pages. — Années 1822-1823. Juin 1823. 204 pages. — Années 1823-1824. Juin 1824. 117 pages. — Années 1824-1825. Juillet 1825.

Géographie élémentaire de la France; par L. B. de Lespin[220], officier de l'université........ Ouvrage approuvé par le conseil royal de l'instruction publique.

Metz, Antoine, imprimeur du Roi. Octobre 1821.

Un vol. in-8° de xxxxix et 510 pages. — 4 petites cartes gravées par M. Dembour, fils d'un graveur estimé, et habile artiste lui-même.

Les exemplaires de cet ouvrage actuellement dans le commerce portent le titre de Géographie de la France, etc., la date de 1825, et le nom de Ch. Dosquet, imprimeur. Ils se composent de 14 pages sans pagination, xx et 510 pages. Le seul changement qui existe entre la Géographie *élémentaire* et la Géographie de la France est

---

111 pages. 1 lithog. — Années 1825-1826. Mai 1826. 190 pages. — Expériences faites sur différentes charrues, en octobre 1826. Novembre 1826. In-8°. 40 pages. — Années 1826-1827. Mai 1827. 218 pages et 3 planches. — Années 1827-1828. Juin 1828. 320 pages et 5 planches; plus, le nouveau réglement, 15 pages. Ce dernier volume est de l'imprimerie de S. Lamort, fils.

A ces mémoires, qui ont fondé la réputation de l'académie de Metz et l'ont placée en France au premier rang des sociétés vouées aux mêmes travaux, on doit joindre les cours de sciences appliquées à l'industrie, publiés par des membres de la société; il en sera fait mention à l'article de M. S. Lamort.

[220] M. Boubée de Lespin (Louis), est maintenant recteur de l'académie d'Orléans.

la réimpression du titre et du tableau synoptique. L'auteur aurait pu, comme tant d'autres, profiter de ce changement pour présenter son ouvrage comme une *seconde édition;* loin de là, il a eu soin de prémunir lui-même le public contre cette supposition. Cet acte de délicatesse est assez rare parmi MM. les auteurs et les éditeurs, pour que nous ayons cru devoir le citer.

M. Antoine a publié en 1810 et en 1823 deux volumes renfermant les arrêtés de la préfecture, relatifs à l'administration communale, ainsi que les lois et les réglemens que les Maires sont chargés de faire exécuter.

1° Recueil des lois, arrêtés, réglemens, etc., relatifs à l'exercice du pouvoir municipal. — Prix : 6 fr. Metz, chez Antoine. Février 1810.

In-8° de iij et 594 pages.

2° Recueil méthodique des lois, décrets, ordonnances, arrêtés et instructions relatifs à l'exercice du pouvoir municipal; publié par ordre de M. le Préfet du département de la Moselle (M. le comte de Tocqueville).

Metz, chez Antoine, imprimeur du Roi et de la préfecture. Juillet 1823.

In-8° de xvj et 732 pages.

Le dernier de ces recueils n'a que cinq ans d'existence, et il a déjà vieilli; il a besoin d'être renouvelé. La loi sur les chemins communaux, le code forestier, les instructions sur la comptabilité municipale, etc., lui sont postérieurs.

Depuis 1816, la préfecture publie, par numéros, un recueil administratif de ses actes; ce recueil, in-8°, est destiné aux Sous-Préfets et aux Maires. M. Antoine et son successeur en ont toujours été chargés.

Histoire abrégée des empereurs, depuis César jusqu'à Constantin; par M. Toulotte, ancien sous-préfet, auteur de l'Histoire philosophique des empereurs [221].

1824. — 2 vol. in-12; le 1er, de XII et 310 pages; le 2e, de 360 pages.

98. L'impression du Journal de la Moselle fut confiée en 1810 à M. Antoine par M. Louis de Jaubert [222], devenu propriétaire de cette feuille à la mort de M. Blouet. M. Louis Devilly, cessionnaire de M. de Jaubert en 1819, et M. Du Ballay, propriétaire du journal depuis l'année 1825, ont continué à faire usage des mêmes presses.

Je ne citerai du Journal de la Moselle que la

[221] 3 vol. in-8°. Paris, 1822. Impr. de J.-L. Chanson.
[222] Né à Thionville le 19 février 1764; mort à Metz le 27 septembre 1823 (Histoire de Thionville, par G.F. Teissier. Metz, 1828. In-8°. Page 315). M. de Jaubert était bibliothécaire de la ville de Metz, membre de l'académie de Nancy, etc.

collection de l'année 1820, dans laquelle se trouvent rappelés, sous la forme d'éphémérides, les principaux faits relatifs à l'histoire de la province, des notices sur les hommes distingués qui y sont nés ou qui y ont vécu, etc.

Les Ephémérides Mosellanes sont extraites d'un ouvrage plus étendu et inédit de M. G. F. Teissier. La rédaction de celles des mois d'avril, de mai et de septembre, appartient en entier à M. Ch. Dosquet.

En 1821, il est sorti des presses de M. Antoine un journal relatif aux beaux arts : son existence a été courte :

Journal de Peinture, par A. Lutton, directeur de l'école de peinture de Metz, chevalier de l'ordre royal de la légion d'honneur, qui paraît les 1er, 10 et 20 de chaque mois.
Prix, par année, 20 francs.

Chaque numéro avait trois quarts de feuille in-8°. Après le second numéro, l'auteur s'est arrêté : peu après il a quitté Metz.

VERRONNAIS (Louis). 1793 à 1812.

et

sa Veuve. 1812 à 1821.

99. Elève de la maison Collignon, M. Verronnais prit la résolution de fonder pour lui-même un établissement typographique, au moment où l'exercice de toutes les professions devint libre, et où le nombre des imprimeries à Metz ne fut plus limité.

Dans toute entreprise, et sur-tout pour créer une chose nouvelle, une volonté ferme est un point essentiel : elle dissipe une foule d'obstacles; elle fait réussir l'homme qui en est pourvu, dans les mêmes circonstances où échouerait un caractère timide; mais encore faut-il que cette énergique volonté ait un point d'appui. M. Verronnais n'en avait d'aucune sorte. A l'époque où l'on se trouvait alors, c'est-à-dire au milieu du renversement des institutions sociales et de tous les intérêts, nul n'avait de crédit : eût-on trouvé, comme aujourd'hui, des capitalistes toujours prêts à aider l'industriel en qui l'on reconnaît de la probité et une vocation décidée?

M. Verronnais suppléa à tout; des dispositions

extraordinaires pour la mécanique le lui permirent. Celui qui, sans études spéciales, avait fait des horloges à toc et à timbre, regardait comme un jeu la façon d'une presse; en effet, ce fut lui qui la construisit. Fier de ce premier succès, il n'en fit pas mystère. M. Collignon s'alarma du projet de son meilleur collaborateur, de son homme de confiance; il améliora le sort de celui-ci, lui acheta sa presse et éloigna la pensée de former à Metz une quatrième imprimerie.

M. Verronnais avait cédé à regret à l'influence amicale et aux sollicitations de son chef; bientôt tourmenté de nouveau par le désir d'élever sa position sociale et de s'assurer un avenir indépendant, il se remit à l'ouvrage, à ses momens perdus; il fit encore une fois une presse, et prit congé de M. Collignon. En quittant cet estimable patron, il se trouva tout juste assez riche pour acheter de son pécule un assortiment de soixante livres de caractères. Ce premier fonds, tous les accessoires et la presse ne faisaient pas une valeur numéraire de 500 fr. Voilà le commencement d'une de nos plus belles imprimeries de province.

Que pouvait-on publier avec soixante livres de caractères? On était à l'époque où l'on adopta le calendrier équinoxial, d'après la proposition de Gilbert Romme, qui en avait reçu l'inspiration de l'astronome Lalande : ce calendrier était une nouveauté, et le Français en est avide. On voulut savoir comment il était possible que Janvier eût perdu sa place et jusqu'à son nom, pour être remplacé par un nouveau venu sorti du cerveau de Fabre d'Eglantine. Outre ce motif de curiosité, on se fût rendu suspect au parti dominant, en n'employant pas dans ses écrits l'ère républicaine; on acheta les annuaires par milliers, et ce fut à la nouvelle imprimerie, placée à la caserne Saint-Pierre, que toute la province, que les villes voisines même s'en pourvurent. M. Verronnais jouit de tous les avantages de la priorité; son assortiment ne pouvait suffire qu'à imprimer les six premiers mois; le tirage fait pour l'automne et l'hiver, on distribuait pour composer la planche du printemps et de l'été. Le débit allait au-delà de toute espérance; il fallut nombre de fois faire et défaire, puis rétablir l'heureuse forme.

Ces premiers bénéfices, soigneusement économisés, furent employés à acheter des caractères, cadrats, cadratins, etc.; les paiemens faits au comptant procurèrent du crédit au nouvel imprimeur: on reconnut en lui un homme intelligent, laborieux, exact à remplir ses engagemens; il prospéra promptement, et cette prospérité a été en croissant jusqu'à sa mort, arrivée à Metz, le 9 mars 1812.

100. L'imprimerie de M. Verronnais fut con-

sacrée aux impressions de commerce : les fabricans de tabacs de Metz et de Sarrebrück seuls employèrent long-temps une presse.

Elle était également consacrée à la publication des bulletins de nos armées, de tous les écrits du moment; à la réimpression des lois et des actes du gouvernement : ce n'est pas à la mémoire de ces travaux éphémères que ce volume est consacré.

M. Verronnais commença, pour la nombreuse garnison de Metz, des impressions militaires, et jeta les fondemens de la réputation de sa maison, aujourd'hui répandue, par les soins de son fils, dans tous les régimens de l'armée.

En 1795, il fonda à Thionville une petite imprimerie, dirigée par un associé, M. Fondeur (Nicolas), qui, dans la suite, en est devenu le seul propriétaire. Cet établissement existe encore et publie, depuis 1819, une feuille d'annonces.

M. Verronnais a publié quelques petits écrits qui ont eu du débit. J'ai trouvé parmi les ouvrages personnels de cet imprimeur :

1º Un jeu topographique, géographique et historique, dédié aux pères de famille, pour l'instruction de leurs enfans; par Verronnais, imprimeur. — 1804.
2º Un jeu géographique, contenant des notes sur la situation des quatre parties du monde, leur forme et leur grandeur, les rivières, montagnes, langues, religions, etc. (Mars 1811.)

C'est à lui que l'on doit la reprise des almanachs de la province, dont l'impression avait été abandonnée depuis plusieurs années par M. Collignon. L'annuaire de 1828 est le 25ᵉ de la collection.

Il a été le fondateur propriétaire d'un journal intitulé : l'*Abeille de la Moselle.* Après quatre années d'existence, cet écrit périodique fut réuni au *Journal de la Moselle,* alors rédigé par M. Blouet [223]. La condition principale de cette cession était que M. Verronnais deviendrait l'imprimeur du journal; ce qui fut exécuté jusqu'à la mort de M. Blouet, arrivée en 1810. Ce dernier, avant cette réunion, a eu pendant quelques années une petite imprimerie, mais bornée à la publication du journal. Il ne lui sera pas consacré d'article spécial comme typographe.

Les presses de M. Verronnais ont publié plusieurs ouvrages d'histoire, de littérature ou d'in-

---

[223] M. Blouet (   ), avocat au parlement, en 1764; membre titulaire de l'académie de Metz, en 1778; auteur d'un mémoire couronné par cette académie, en 1772, sur les obstacles physiques qui s'opposent aux progrès de la navigation, relativement au commerce, sur les rivières des Trois-Évêchés, et principalement sur la Moselle. Ce mémoire, imprimé dans le recueil in-4°, est de 1773, et porte pour épigraphe ce vers si connu de Lemierre :

Le trident de Neptune est le sceptre du monde.

struction publique. Je n'en connais qu'un petit nombre ; par exemple :

Notes historiques sur la vie morale, politique et militaire du général Hoche [224] ; par Privat [225].
Metz, Verronnais. An VI. — In-18.

Cette biographique apologétique est le premier écrit consacré à la mémoire de Hoche, mort à Wetzlar, le 15 septembre 1797. M. Privat, son ami d'enfance et son compagnon d'armes, était employé comme adjoint à son état-major.

Recueil de fables composées par Gaspard Sornet, en 1797. — Première partie.
Metz, Verronnais. — In-8°. 56 pages.

Ce premier livre contient vingt-quatre fables en vers libres. M. Verronnais fils en a publié, en 1826, une seconde édition, revue, corrigée et augmentée de deux pièces de poésies fugitives.

[224] Lazare Hoche appartient à notre province par son mariage avec Anne-Adélaïde Dechaux, de Thionville ; il l'épousa le 21 ventôse an II (11 mars 1794), et il avait alors le grade de général en chef des armées de la Moselle et du Rhin ; dix-huit mois avant, lors du blocus de Thionville, il était lieutenant au régiment de Rouergue (59° régiment d'infanterie).

[225] M. Privat (Jean-François) est mort le 6 mars 1814, dans Torgau ; il était inspecteur aux revues. (Histoire de Thionville, par G. F. Teissier, page 473.)

M. Gaspard Sornet est le fabuliste et le poète épique de la Moselle; et il n'est membre d'aucune académie!

Philandre et Joséphine, ou les amans malheureux. Metz, Verronnais. 1809. — In-8°.

Une deuxième édition, en 2 volumes in-12, a été publiée, en 1825, par M. Verronnais fils.

L'auteur s'y fait connaître à demi; c'est M. Charles B. (Bertaut).

Après la mort de M. Verronnais, sa veuve a repris l'imprimerie et a suivi l'utile spéculation des impressions militaires. En 1821, son fils, qui dirigeait l'établissement, l'a repris à son compte.

COLLIGNON aîné (Christophe-Gabriel).

1794 à 1820.

101. A la mort funeste du respectable Jean-Baptiste Collignon, l'existence même de son établissement fut menacée, tant cette famille était en butte au parti sanguinaire qui dominait alors. Ses deux fils, à la première lueur de calme et de modération, reprirent courage et cherchèrent à rendre de l'activité à leurs presses, suspectes de royalisme, parce qu'elles avaient été long-temps consacrées à la publication des livres d'église.

Quoique les frères Collignon fussent associés, la maison de commerce n'eut pour chef ostensible que l'aîné, Christophe-Gabriel.

Lors de l'érection du royaume éphémère de Westphalie, en 1807, le second des Collignon fut appelé à Cassel, avec la qualité d'imprimeur du gouvernement et d'éditeur du Moniteur westphalien, journal à la rédaction duquel coopérait, pour la partie littéraire, notre compatriote Charles Villers [226], alors professeur à l'université de Gottingue : ce qui a duré jusqu'à la fin de 1813.

La maison commerciale de Metz a toujours prospéré : des relations avec Leipsick procurèrent à M. Collignon, non-seulement la vente du produit de ses presses, mais aussi l'écoulement d'une foule d'ouvrages appartenant à la librairie française.

Le rétablissement du culte fit rendre à M. Collignon la qualité d'imprimeur de l'évêque de Metz et les prérogatives qui y sont attachées. Les publications ou réimpressions d'ouvrages liturgiques, catéchétiques, etc., ont été depuis lors fort multipliées, et elles n'ont rien perdu jusqu'à présent de leur activité : tout détail à ce sujet est superflu.

Outre ces ouvrages usuels, M. Collignon a imprimé les écrits personnels de deux prélats : M. Bienaymé (Pierre-François), mort le 9 février

---

[226] Né à Boulay, le 4 novembre 1765; mort à Gottingue, le 26 février 1815. (Biog. univ. XLIX. 69.)

1806, et M. Jauffret (Gaspard-Jean-André-Joseph), son successeur, mort le 13 mai 1823.

En 1804, M. Bienaymé, fort instruit en économie rurale, publia, chez M. Collignon, un traité sur les ruches d'abeilles et sur l'éducation de ces insectes. — In-12.

Les écrits du vénérable M. Jauffret sont nombreux et variés :

1° De la Religion à l'assemblée nationale; 1790, 1791 : in-8°. — Réimprimé sous ce titre : De la Religion aux Législateurs. — 4° édition, sous ce titre : De la Religion aux François. — 5° édition, en 1820; petit in-8°. (Imp. de Collignon, à Metz.)

2° Observations critiques sur le calendrier républicain : broch. in-8°, réimp. en 1822, chez A. N. J. L. Collignon.

3° Du Culte public ; 1795 : 2 vol. in-8°. — 3° édit. ; 1815 : in-8°. (Imp. de Collignon, à Metz.)

4° Les Consolations, ou Recueil choisi de tout ce que la raison et la religion peuvent offrir de consolations aux malheureux; 1796 : 15 vol. in-18. On a extrait de cet ouvrage et l'on vend séparément les Consolations des divines Ecritures : 3 vol. in-18; et du Suicide : 2 vol. in-18.

5° OEuvres choisies de Fénélon : 6 vol. in-12. OEuvres spirituelles de Fénélon : 4 vol. in-12.

6° L'Adorateur en esprit et en vérité, ou les exercices de la vie chrétienne réglée selon l'esprit de J.-C. et de son église; 1800 : 3 vol. in-18.

7° Mémoires pour servir à l'histoire de la Religion et de la philosophie à la fin du 18° siècle; 1803 : 2 vol. in-8°.

8° Des services que les femmes peuvent rendre à la religion, ou Vies des dames françoises les plus illustres en ce genre dans le 17° siècle; 1800 : un vol. in-12. Réimp. en 1818, in-8°, chez Collignon.

9° Lettres sur les avantages de l'amitié chrétienne : 1 vol. in-12; 2° édition, in-8°.

10° Examens sur divers sujets à l'usage des religieuses : 1 gros in-12, 2° édition.

11° Méditations sur les souffrances et la croix de N. S. J.-C. : petit vol. in-12; 2° édit., in-8°.

12° De la vraie sagesse : 1 vol. in-12; 3° édit. 1819. (Imp. de Collignon, à Metz.)

13° Recherches sur la vraie religion [227].

102. Les relations de M. Collignon avec l'Allemagne lui firent entreprendre la publication des deux ouvrages suivans :

Figures d'Homère, dessinées d'après l'antique, par Henri-Guillaume Tischbein, avec les explications de Chrétien Gottlob Heyne; mises en français par Charles Villers.

Metz, Collignon, 1802 à 1806.

Grand in-folio, papier nom de Jésus.

---

[227] M. Jauffret venait, au moment de sa mort, de terminer cet ouvrage, auquel il avait consacré près de trente ans de sa vie. Il en avait fait tirer seulement 200 exemplaires, et se proposait d'en donner une nouvelle édition en quatre volumes.

« Ouvrage assez bien exécuté, dit Brunet[228];
« il n'en a paru que six livraisons, qui coûtent
« 186 francs. » Trois de ces livraisons appartiennent à l'Iliade et 3 à l'Odyssée.

L'ouvrage original allemand avait paru à Gottingue, de 1801 à 1804, en six cahiers.

Tableau historique des costumes, des mœurs et des usages des principaux peuples de l'antiquité et du moyen âge; par Robert de Spallart.
Metz, Collignon. 1804 à 1809.

7 vol. in-8° et 7 cahiers in-4° oblong.

Cet ouvrage allemand a été traduit en français par M. Louis de Jaubert[229], bibliothécaire de la ville de Metz, membre de l'académie de Nancy, etc.

L'ouvrage complet aurait eu dix volumes de texte et dix cahiers de figures. M. Olry Lévy, libraire à Metz, est aujourd'hui propriétaire du reste de l'édition.

Les trois ouvrages qui ont fondé la renommée de Charles Villers sont sortis des presses de M. Collignon :

1. Philosophie de Kant, ou Principes fondamentaux de la philosophie transcendantale.
Metz, Collignon. 1801. — In-8°. 441 pages.

---

[228] Brunet. Manuel du libraire. III. 464. — Biog. univ. XX. 507. — XLVI. 133. — XLIX. 81.

[229] Voir page 201, note 222.

2. Lettre de Charles Villers à Georges Cuvier, de l'institut national de France, sur une nouvelle théorie du cerveau, par le docteur Gall : ce viscère étant considéré comme l'organe immédiat des facultés morales.

Metz, chez Collignon, imprimeur-libraire. An X (1802). Daté de Lubeck. Nivôse an X (janvier 1802).
In-8°. — 84 pages. — 1 planche gravée.

3. Essai sur l'esprit et l'influence de la réformation de Luther.

Ouvrage qui a remporté le prix sur cette question, proposée, dans la séance publique du 15 germinal an X, par l'institut national de France : « *Quelle* « *a été l'influence de la réformation de Luther* « *sur la situation politique des différens états de* « *l'Europe et sur les progrès des lumières.* »
Par Charles Villers.
Metz, Collignon. An XI. In-8°. — 2ᵉ édition. An XII. 1804. In-8°. xvi et 467 pages. — 3ᵉ édition. 1808. In-8°.

Voici encore les titres de quelques autres ouvrages sortis des mêmes ateliers :

Pyrotechnie chirurgicale-pratique, ou l'art d'appliquer le feu en chirurgie; avec les réponses de l'auteur aux questions épuratoires qui lui ont été proposées. Par Pierre-François Percy. [230]

[230] Né à Montagney, arrondissement de Gray, le 28 octobre 1754; mort à Paris, le 18 février 1825.

Metz, Collignon. An III. — In-12. (Ce volume porte d'autres dates, avec la fausse indication d'édition nouvelle. Il y a une traduction allemande publiée en 1798, à Leipsick.)

L'ouvrage principal a pour épigraphe :

Ut corpus redimas, ferrum patieris et ignes.
Ovid. de remed. amor. I, 228.

Il est suivi de trois supplémens contenant les réponses de Percy aux questions épuratoires qui lui ont été proposées par la commission de santé séante à Paris. Percy, alors âgé de quarante ans, et depuis long-temps chirurgien en chef, fut obligé de se soumettre à la mesure imposée par la Convention à tous les chirurgiens militaires, afin de s'assurer de leur capacité. Il ne cacha pas l'humeur que lui donnait une pareille décision ; cependant il s'y soumit, et pendant vingt-quatre heures que, pour répondre à ces questions, il resta privé de livres et de toute communication, il rédigea, dit M. le baron de Silvestre, dans son excellente notice sur le baron Percy, un ouvrage qui renferme d'excellentes instructions, et qui peut être considéré comme un bon manuel de Chirurgien [231].

Le docteur Jourdan, l'un des collaborateurs

---

[231] Mémoires d'agric., d'écom. rurale et dom., publiés par la Société royale et centrale d'agric. — Année 1825. — In-8°. — Pag. 134.

du Dictionnaire des sciences médicales, a puisé l'article *Feu* (XV. 95) dans la Pyrotechnie militaire de Percy. « Pouvais-je mieux choisir, dit-il, « et un pareil fil en main, avais-je à craindre « de m'égarer ? »

Mémoire extrait d'un journal d'observations faites pendant l'année 1792, dans les armées françaises du nord, du centre et des Ardennes. Par P.-C. Gorcy [232], ex-médecin en chef des armées, etc.
Metz, Collignon. An VIII (1800). — In-12.

Manuel de l'histoire naturelle, traduit de l'allemand de J.-F. Blumenbach, sur la 6ᵉ édition, par Artaud (François Soulange).
Metz, Collignon. 1803.
2 vol. in-8°. — Figures noires et coloriées.

Le véritable esprit de J.-J. Rousseau, ou Choix de maximes et de principes sur la morale, la religion, la politique et la littérature, tirés des œuvres de

---

[232] M. Gorcy (Pierre-Christophe), né à Pont-à-Mousson, le 19 mars 1758, mort à Metz, le 16 décembre 1826, est auteur de plusieurs ouvrages estimés, et notamment d'un traité complet sur la Rage, ayant pour titre : *Recherches historiques et pratiques sur l'hydrophobie.* — Paris, 1821. — In-8° de xxii et 454 pages. (Éloge de M. Gorcy, par M. Chaumas, D. M. — Metz, Collignon, 1827. — In-8°.)

cet écrivain, et accompagnés des notes de l'éditeur ; par M. l'abbé Sabatier de Castres.[233]
Metz, Collignon. 1804.

3 vol. in-8º.

Enumeratio plantarum circa Metas sponte nascentium, quas in continuis fere itineribus collegit et summo studio cum celeberrimorum auctorum descriptionibus et iconibus ritè redegit L. Hanin, ad usum lycæi Metensis alumnorum.
Metis, typis Collignon. 1806.

In-4º. — 28 pages.

Cet essai, fruit des recherches d'une seule saison, est une sorte d'improvisation. L'auteur, qui ne manque ni de connaissances ni d'habileté, a donné lieu à des critiques fondées, en publiant cette incomplette nomenclature. La Flore des environs de Metz est encore à faire. Buchoz, Willemet, Cheuvreuse, M. Hanin, sont loin d'avoir fait connaître toutes nos richesses dans le règne végétal.

[233] Le critique Geoffroy a donné de grands éloges à cette compilation, dans laquelle l'abbé Sabatier a réuni ce que J.-J. a écrit en faveur de la religion, de la morale et des gouvernemens monarchiques.

L'abbé Sabatier (Antoine), né à Castres en 1742, est mort à Paris, le 15 juin 1817, dans une profonde misère, et recueilli par des Sœurs de la Charité.

Manuel du vigneron du département de la Moselle ; par J.-P. Jaunez. — Avec cet épigraphe :

> *Vino repertori nocuere, suoque Noëmus*
> *Exemplo docuit donis cœlestibus uti*
> *Parciens.*
>
> Noë du vin l'auteur, apprit par son ivresse,
> Qu'on devoit de ce don user avec sagesse.

Metz, Collignon. 1816.
In-8° de VIII et 99 pages.

ANTOINE (Pierre), fils de Joseph.

1795 à 1802.

103. M. Pierre Antoine, après avoir été le collaborateur de son père, a établi une imprimerie qui a été sur-tout consacrée aux ouvrages de ville, aux actes de quelques administrations, etc.

Il en est sorti en outre quelques ouvrages de littérature, comme

Les mœurs du temps, ou Mémoires de Rosalie Terval. An X (1802). — 4 vol. in-12.

Ce roman fort médiocre est dû à la plume féconde de Nougaret (Pierre-Jean-Baptiste), écrivain du dernier ordre ; il avait été appelé à Metz comme collaborateur d'un Dictionnaire biographique des hommes qui ont figuré dans nos assemblées nationales et dans les diverses carrières publiques, depuis la révolution. Cette entreprise, conçue par un avocat, homme d'esprit, fut abandonnée par lui-même, après deux ans de travaux fort coûteux.

PIERRET (Jean-François). 1798 à 18..

104. Après avoir travaillé comme ouvrier dans plusieurs imprimeries de Metz, M. Pierret forma un établissement pour son propre compte; mais la probité et l'amour du travail ne suffisent pas toujours pour faire prospérer une entreprise industrielle : cet imprimeur en offre la preuve.

Lorsque le décret du 5 février 1810 réduisit à quatre le nombre des imprimeries pour la ville de Metz, l'établissement de M. Pierret fut menacé. L'autorité administrative lui fut favorable, et elle obtint le maintien de cette imprimerie et de celle de M. Pierron, sous la condition qu'elles s'éteindraient avec eux.

M. Pierret a imprimé quelques ouvrages de piété, ainsi que des brochures politiques de peu d'importance et qui ont cessé d'offrir aucun intérêt. Il est sorti en outre de sa presse quelques ouvrages classiques, parmi lesquels je citerai les suivans :

Application des principes de la grammaire française à plusieurs phrases choisies, et analyse raisonnée des élémens dont se compose le discours; par F. Munier [234], instituteur à Metz. — 1814.

Petit in-8°. — 150 pages.

Une seconde édition de cet ouvrage a été imprimée par M. Pierret en 1816.

Nouvelle méthode pour apprendre facilement le latin, ou Elémens de la grammaire latine, rédigés pour l'analyse. — 1824.

In-12 de viij et 200 pages.

---

[234] M. Munier, membre de l'académie royale de Metz, a publié en outre les ouvrages suivans :

Dictionnaire des locutions vicieuses les plus répandues, avec les corrections à côté, accompagnées de notes grammaticales. — In-8°. — 110 pages. — 1re édition 1812 ; 2e édition 1817.

L'auteur prépare une 3e édition.

Cacographie méthodique. 1re édition 1820; 2e édition 1825; 3e édition 1827; 4e édition 1828. — In-12.

Cacologie méthodique. 1823. — In-12.

Manuel des élèves d'écriture. 1821. — In-12 de 1 feuille avec 2 planches gravées.

Ces ouvrages ont été imprimés par M. C. Lamort.

PIERRON (   ). 179. à 1821.

105. Le petit établissement typographique de M. Pierron a toujours été d'une faible importance. Cet ouvrier industrieux est parvenu à élever sa famille par son assiduité, sans avoir jamais pu grossir sa fortune.

M. Pierron a imprimé quelques ouvrages classiques et d'autres écrits de peu d'étendue, tous d'une exécution médiocre.

En 1821, M. Pierron a vendu son établissement à M. Desfeuilles, de Nancy; MM. Collignon, Dosquet, Lamort et Verronnais l'ont acquis en commun, en 1824, après avoir obtenu du Gouvernement l'assurance que le brevet de cette imprimerie demeurerait dès-lors éteint [235].

Il n'est sorti des presses de M. Desfeuilles aucun ouvrage qui puisse le faire placer dans la nomenclature des imprimeurs de Metz.

[235] En 1821, l'administration n'admettait plus aucune distinction entre les brevets *héréditaires* et les brevets *à vie*; mais en 1827 elle considérait de nouveau comme non transmissibles et comme devant s'éteindre à la mort des titulaires, les brevets accordés aux imprimeurs non compris dans les fixations établies par le décret du 5 février 1810.

XIXᵉ SIÈCLE.

HADAMARD (Olry-Ephraïm). 1813 à 18..

106. Un article étendu, consacré à la typographie hébraïque de Metz, en a fait connaître l'origine, les progrès, les chances diverses, puis la chûte; il nous conduit à l'époque où, sous l'administration de M. de Vaublanc, Préfet de la Moselle, et de M. le baron Marchant, Maire de Metz, M. Hadamard conçut et réalisa le projet de rétablir l'atelier de Moyse May.

M. Hadamard avait fait son premier apprentissage à Metz, chez M. Claude Lamort; puis avait travaillé pendant plusieurs années dans des imprimeries de France, de Hollande et d'Allemagne, pour se perfectionner, non-seulement dans l'art en lui-même, mais aussi dans l'étude de plusieurs langues et dans leur composition typographique: il revint dans sa patrie, et on l'y trouva instruit en littérature et habile dans son état.

A cette époque, la France avait l'immense étendue que lui avait donnée la victoire; la population juive était de 150,000 âmes : aucune imprimerie n'était spécialement consacrée aux livres hébreux, et c'était de l'étranger que le commerce les tirait.

M. Hadamard demanda l'autorisation de fonder une imprimerie hébraïque à Metz ; l'appui qu'il obtint de quelques amis des lettres fut assez fort pour vaincre les obstacles : il obtint un brevet, mais borné à l'usage des caractères hébraïques. Le nombre des imprimeurs était limité par les réglemens d'alors : quatre imprimeurs (MM. Antoine, Collignon, Lamort et veuve Verronnais) avaient des brevets de première classe, c'est-à-dire transmissibles ; deux imprimeurs (MM. Pierret et Pierron) n'avaient que des brevets de deuxième classe, c'est-à-dire viagers, et dont l'effet devait s'éteindre avec eux. M. Hadamard, au moyen de la spécialité de son industrie, fut reçu en-dehors du nombre légal.

Il acheta les débris de l'ancienne imprimerie de May et de Spire ; puis il tira de Francfort-sur-le-Mein ses caractères. Dès-lors on fondait à Paris des caractères hébreux, mais d'une coupe dite à l'italienne, à laquelle les yeux de notre peuple israélite n'étaient pas faits ; il fallut que le nouvel imprimeur se soumît aux habitudes des Juifs du rit *ashkenaz*, dit allemand. Il débuta par la publication d'ouvrages usuels : M. Moyse Biding, de Metz, hébraïsant distingué et auteur de plusieurs écrits, fut chargé de la correction des épreuves. Ces commencemens étaient modestes : quand on se reporte à l'époque où M. Hadamard s'établit, on conçoit que sa marche, au milieu de nos vicissitudes politiques, dut être lente et incertaine. En 1817, il hasarda une vaste et coûteuse entreprise : ce furent deux éditions à la fois, l'une en 5 volumes in-8°, l'autre en 9 vol. du même format, des prières pour toutes les fêtes de l'année. Cette volumineuse collection, dont le placement a été long et n'a pu se faire sans d'énormes sacrifices, est accompagnée de commentaires et de notes grammaticales par M. Moyse Biding, d'une traduction allemande par M. Zay, de Metz, et de figures en taille-douce. Ces ouvrages furent tirés à 3000 exemplaires.

M. Hadamard continue ses entreprises, mais en les proportionnant, quant aux publications hébraïques, aux besoins de la population juive : son zèle a été récompensé par le consistoire central de France, qui lui a accordé le diplôme de son imprimeur. Notre compatriote méritait cette distinction, non-seulement pour ses travaux, mais encore pour la louable tâche qu'il s'est imposée de former des élèves juifs; il en est maintenant un grand nombre qui, sortis de ses ateliers, exercent leur honorable profession chez les principaux typographes de Paris, et même à l'imprimerie royale. On remarque dans tous ces jeunes juifs des mœurs douces, une probité sans tache, une vie appliquée et exempte de passions. Il a concouru à la formation de la *Société d'encouragement des arts et métiers, parmi les israélites de Metz*[236] : honorable et utile association, dont on apprécie les résultats pour la régénération de la jeunesse.

M. Hadamard se livre à des impressions commandées par des libraires de la capitale; ses publications sous ce rapport ont été fort nombreuses, et le catalogue en serait étendu.

Il a, depuis quelques années, pour associé, M. Prosper Wittersheim[237], membre de la société des sciences, agriculture et arts de Strasbourg, littérateur dont le concours a été et sera fort utile à M. Hadamard.

Voici la liste de quelques-uns des livres publiés en hébreu :

1813. Seder Minhath Tamid. סדר מנחת תמיד Prières journalières. — 1 vol. in-8°.

[236] Cette société, qui a quatre années d'existence et de succès, a pour président M. Oulif, avocat à la cour royale, et pour secrétaire, M. Prosper Wittersheim. M. Charles Bing, avoué, fils du littérateur Isaïe Berr Bing, est directeur du conseil d'administration.

[237] M. Prosper Wittersheim est auteur 1° d'un Mémoire sur les moyens de hâter la régénération des israélites de l'Alsace; ouvrage présenté au concours ouvert par la société des sciences, agriculture et arts de Strasbourg, et qui a obtenu une mention honorable. Ce mémoire a été imprimé en 1825, par E. Hadamard; 2° de la mythologie en miniature. Imprimerie d'E. Hadamard. 1827. — 1 vol. in-64; etc.

M. Hadamard en a publié successivement cinq éditions.

Le même, avec les prières pour les samedis fériables. Le même. — In-36. — 4 éditions.

1814. Haggada. הגדה

Cérémonies des nuits de Pâques. — 1 vol. in-8°. — Plusieurs éditions.

1815. Em Lemikra. אם למקרא

Traité complet de la lecture, de la ponctuation et de l'accentuation hébraïque ; par Moyse Biding, de Metz. — 1 vol. in-8°.

1818. Haggada ou Cérémoniel des deux premières soirées de Pâques, à l'usage des israélites français, avec le texte soigneusement revu en regard ; traduit de l'hébreu et du chaldaïque, et enrichi de notes, par David Drach, rabbin, docteur de la loi et gradué à la faculté des lettres de l'académie de Paris. — 1 vol. in-8°. — 128 pages.

1817 et suiv. Mahasor. מחזור מכל השנה
Prières des cinq fêtes principales de l'année.

Deux éditions, l'une en 5 volumes in-8° ; l'autre en 9 volumes, même format.

C'est cet immense ouvrage qui a nui à la fortune de l'imprimeur.

1818. Catéchisme du culte judaïque, en hébreu, en français et en allemand, par Mayer Lambert [238], professeur à l'école israélite de Metz. — 1 vol. in-12.

1819. Abrégé de la grammaire hébraïque, par le même. — 1 vol. in-8°.

1820. Instruction religieuse et morale, à l'usage de la jeunesse israélite, par Elie Halévy [239], en hébreu et en français. — 1 vol. in-12.

1820. Rituel des prières journalières à l'usage des israélites; traduit de l'hébreu par Johel Anspach [240], de Metz, avec le texte en regard. — 1 vol. in-8°. — 424 pages.

[238] M. Lyon Mayer Lambert, fils d'un rabbin de Pontpierre, a cultivé, outre les langues sacrées, la philosophie des universités d'Allemagne. En 1815, il a publié, en allemand, un écrit élémentaire intitulé : Bases des véritables lumières, pour l'utilité de ceux qui veulent être éclairés sans avoir de prétentions à la science. — In-12. — 59 pages.

[239] M. Elie Halévy, de Paris, est un des hébraïsans qui, de nos jours, ont cultivé avec le plus de succès la poésie et la littérature mosaïques : entre ses mains, le luth de David et d'Asaph a recouvré de nobles sons pour célébrer les événemens contemporains. M. Halévy père est cité pour la facilité de sa diction, la variété du rithme et la fécondité des pensées. Son fils, Léon Halévy, s'est fait connaître, fort jeune encore, par une traduction des odes d'Horace.

[240] M. Johel Anspach a fait son éducation au lycée de Metz; c'était l'un des élèves les plus distingués d'un

1821. Imré Binah. אמרי בינה

Traité du calendrier, par Samuel Wittersheim, grand rabbin de la circonscription consistoriale de Metz. — 1 vol. in-4°.

1824. Cours de lecture hébraïque, suivi de plusieurs prières, avec traduction interlinéaire, et d'un petit vocabulaire hébreu-français; par Samuel Cahen, de Metz, professeur à l'école consistoriale israélite de Paris; ouvrage adopté par le consistoire central, à l'usage des écoles primaires israélites de France. — 1 vol. in-8°.

1826. Meorei or. מאורי אור

Continuation du grand ouvrage de M. Aaron Worms, intitulé *le Flambeau de la loi* [241].

M. Hadamard en a imprimé 3 volumes in-4°; ce sont les 4e, 5e et 6e.

M. Aaron Worms a souvent contribué à perfectionner les publications de M. Hadamard, en corrigeant les épreuves et en ajoutant au texte hébreu des variantes et des notes grammaticales ou philologiques.

professeur dont le nom sera toujours cher à ses amis, M. Fréderic-Charles de Félice, pasteur de l'église réformée de Metz, mort à la fleur de l'âge, le 21 avril 1809. (Almanach des protestans, pour 1810, page 38 de la 2e partie. L'article biographique du bon de Félice est de son ami G. F. Teissier.)

[241] Voir la note 178.

A cette liste déjà longue, on pourrait ajouter une Dissertation sur l'ouvrage des six jours; le Recueil des dogmes judaïques et plusieurs ouvrages populaires dans l'idiôme hébreu-tudesque, destinés à la population des campagnes dans les départemens du Haut et du Bas-Rhin, et dans les parties allemandes de la Moselle et de la Meurthe.

En 1827, M. Hadamard a publié, pour le compte de l'auteur, l'ouvrage suivant, qui a été accueilli par la société royale de géographie :

Essai statistique sur les frontières nord-est de la France, contenant, 1° la description topographique et chronologique de la ligne frontière, depuis le Rhin jusqu'aux Ardennes; 2° la peinture matérielle du sol, sous les rapports de la topographie, des produits indigènes, de l'industrie territoriale et du commerce qui en dérive; 3° la description, sous les mêmes rapports, des provinces étrangères limitrophes; 4° un résumé historique; 5° un précis archéologique; 6° des observations sur les mœurs; 7° un aperçu de l'importance des frontières nord-est sous les rapports politiques et militaires; par J. Audenelle [242], employé des douanes.

> Des faits constatés, voilà proprement les seuls principes des sciences.
> (*Condillac.*)

1827. — In-8°. — Deux livraisons formant ensemble 366 pages.

[242] M. Audenelle (Jean), né à Thionville le 10 février

Au moment où notre volume paraît, M. Hadamard annonce une nouvelle entreprise de typographie hébraïque :

Biographie des israélites anciens et modernes qui se sont fait remarquer par leur génie, leurs talens, leurs écrits, leurs actions, leurs vertus, leurs vices et leurs erreurs ; précédée de tables chronologiques pour réduire en corps d'histoire les articles disposés selon l'ordre alphabétique dans cet ouvrage. Par E. Carmoly.

Cet ouvrage, dont M. Gerson-Lévy est le libraire-éditeur, paraîtra en 12 ou 15 livraisons de dix feuilles chacune, grand in-8°.

M. Carmoly donne les motifs du choix qu'il a fait de la langue hébraïque : « il a voulu, dit-il,
« rendre son travail plus généralement utile à ses
« co-réligionnaires répandus dans toutes les parties
« du monde, et à ces savans qui embrassent l'u-
« niversalité des connaissances, et qui ne dédai-
« gnent pas une littérature qui a excité l'admi-
« ration et charmé les loisirs d'un Buxtorf, d'un
« Herder, d'un Michaëlis, d'un Tychsen, d'un
« Lowth, d'un Scaliger, d'un Volney, d'un Syl-

1797, est associé de la Société royale de géographie, à Paris, et l'un des rédacteurs du Journal des sciences militaires des armées de terre et de mer, publié par M. Corréard.

« vestre de Sacy, etc. J'ai ambitionné, ajoute-t-il,
« la gloire de créer un ouvrage national, *unique*
« *dans son genre;* puissé-je n'avoir pas échoué
« dans une si périlleuse entreprise ! »

COLLIGNON (Augustin-Nicolas-Jean-Louis).

1820 à 18..

107. En 1820, M. Collignon (Christophe-Gabriel) a cédé son établissement typographique à son fils Augustin, 5e descendant du premier des Collignon.

Cette imprimerie, consacrée sur-tout aux livres liturgiques et catéchétiques, ne se borne pas néanmoins à ces publications. Voici la note de quelques-uns des ouvrages qu'elle a fait paraître :

Lettres du Roi Henri IV aux magistrats et aux habitans de la ville de Metz.

Metz, chez Collignon, imprimeur de la ville. 1820.

Petit in-folio. — 15 pages.

OEuvres choisies de M. de Belsunce [243], évêque de Marseille, recueillies par M. l'abbé Jauffret, chanoine de la Cathédrale de Metz.

Metz, chez Collignon, imprimeur-libraire. 1822.

[243] L'illustre Belsunce a été abbé commandataire de l'abbaye de Saint-Arnould, de Metz. — V. sur M. de Belsunce la Biogr. univ. IV. 137. L'article est de M. Tabaraud.

Deux volumes in-8°. — Le 1ᵉʳ, de 495 pages, avec portrait gravé par Dissard et un *fac-simile*; le 2ᵉ, de 504 pages, avec la gravure d'une médaille.

Projet d'établissement d'une foire européenne à Metz, par P.-J. Chedeaux, Conseiller du Roi au conseil général du commerce, ancien président du tribunal et de la chambre de commerce de Metz.

Metz, de l'imprimerie de Collignon. Août 1822.

In-8°. — 66 pages.

Ouvrage fort important par l'objet qu'il traite et les questions commerciales qu'il soulève. Ce projet a été examiné et il est resté sans solution : les uns pensent que, comme dans les vues philantropiques de l'abbé de Saint-Pierre, on ne doit y voir que le rêve d'un homme de bien; d'autres, abondant dans les hypothèses de l'auteur messin, croient à la possibilité de créer à Metz un centre commercial temporaire.

Le 20 novembre 1827, M. Chedeaux, dans une notice, dit : « Ce projet, médité pendant vingt
« ans, fut pris en considération par le conseil
« général du commerce; les Anglais le mirent en
« pratique, et la prochaine franchise du port
« d'Amsterdam dira si nos voisins savent profiter
« de nos conceptions et de notre impéritie. »

A Messieurs les Membres du conseil général du département de la Moselle.

Metz, imprimerie de Collignon. Septembre 1822.

In-4°. — 11 pages.

Cet écrit de M. Chedeaux a pour but de réfuter le rapport fait au conseil général par l'un de ses membres, M. Simon (François-Gabriel), au sujet du projet de foire européenne.

Compte rendu des travaux de la Société des sciences médicales du département de la Moselle; par M. Chaumas, secrétaire. — Séance générale du 6 mai 1824.

Metz, de l'imprimerie de Collignon. 1824.

In-8°. — 68 pages.

Cette société, composée d'hommes que la confiance publique et l'estime générale environnent, a été fondée à la fin de 1819. Le premier compte rendu, publié à la suite de la séance générale du 17 juillet 1821, a été imprimé chez Mme veuve Verronnais. — 37 pages in-8°.

Autre compte rendu de la même société. — Séance générale du 11 septembre 1827.

Metz, de l'imprimerie de Collignon. 1827.

In-8°. — 94 pages.

Cours élémentaire de géographie ancienne et moderne,

de l'abbé Pierron [244], par L. D. V. (Louis Devilly), à l'usage des colléges, séminaires et maisons d'éducation ; ouvrage honoré de l'approbation de Sa Sainteté Pie VII.

Huitième édition considérablement augmentée, entièrement conforme aux derniers traités de paix, avec un traité d'astronomie. [245]

Metz, chez L. Devilly, libraire du collége royal. 1824.

In-12 de 332 pages.

[244] Dom Bernardin Pierron, prieur de l'abbaye de Saint-Arnould, auparavant professeur d'humanités au collége, correspondant depuis 1778 de la société royale des sciences et arts de Metz, n'est pas né dans cette ville, comme on le croit généralement ; mais il lui a consacré sa vie. « C'est le désir de lui être utile, dit-il lui-même « dans un de ses écrits, qui m'a fait regarder cette ville « comme ma patrie. » Dom Pierron est auteur des ouvrages suivans :

1º Templum metensibus sacrum, carmen (le Temple des messins, poëme). — Metz, J.-B. Collignon. 1779. — In-8º de XVI et 221 pages. Cet ouvrage est bon à consulter pour la biographie messine.

2º Principes de l'élégance, de la quantité et de la poésie latine, tirés des meilleurs auteurs. — Metz. — 5ᵉ édition. — In-12.

3º Præceptiones rhetoricæ ex melioris notæ magistris excerptæ et ad usum seminarii Metensis selectis exemplis illustratæ. — Metz. — In-12.

4º Explication abrégée des cérémonies de la messe, tirée de l'ouvrage du père Lebrun. — Metz. — In-12.

[245] Ce petit traité d'astronomie est entièrement neuf. L'auteur est M. Nancy (D.-F.-P. Claude), chef de bataillon d'artillerie, membre correspondant de l'Académie royale de Metz.

Cet ouvrage utile a pour première base la géographie des enfans, que Lenglet du Fresnoy a publiée pour la première fois en 1735. Dom Pierron a sagement augmenté ce petit volume. Les augmentations de M. Louis Devilly ont été également bien faites.

VERRONNAIS (François). **1821** à **18..**

108. Breveté imprimeur-libraire le 21 août 1821, il n'a pas eu, comme son père, un établissement à créer; mais ses soins tendent chaque jour à l'augmenter, à en perfectionner les produits.

Rival, pour les impressions militaires, de la maison F.-G. Levrault, de Strasbourg, et de MM. Anselin et Pochard, successeurs de Magimel, il faut conclure que cette concurrence ne lui est pas défavorable, du fait que les impressions messines suivent souvent les corps qui quittent la 3e division, et vont les retrouver à Strasbourg, à Paris même.

On ne peut donner ici le détail de tous les livres que M. Verronnais a imprimés depuis sept ans pour le service militaire; il n'est aucun réglement en vigueur pour son arme qu'un officier, qu'un sous-officier ne trouve du format le plus commode : la modicité des prix n'a pas exclu l'élégance de l'impression. Si j'avais l'honneur d'être militaire, les in-32 de M. Verronnais ne me quitteraient pas.

A ces réglemens si connus, se joignent d'autres écrits publiés par des officiers, comme :

Théorie concernant les mouvemens des voltigeurs ; par A. Cerf, capitaine de voltigeurs au 9° régiment d'infanterie de ligne.
Metz, Verronnais. 1825.

In-32. — 73 pages, avec planches.

Extraits des services de campagne et de place, pour la théorie de MM. les officiers et sous-officiers d'infanterie ; par demandes et par réponses, avec des notes et un plan d'un camp d'infanterie et d'artillerie. Par un officier supérieur.
Metz, Verronnais, 1824.

Un vol. in-24, de 176 pages, avec une planche gravée par Michaud.

Instruction destinée aux troupes légères et aux officiers qui servent dans les avant-postes ; rédigée sur une instruction de Frédéric II à ses officiers de cavalerie. (*Imprimée d'après la 7° édition.*[246])
Metz, Verronnais. 1824.

In-32. — 180 pages.

[246] La 7° édition a été publiée à Paris, en 1821. — In-12.

Projet de réglement sur les manœuvres de l'artillerie, rédigé par ordre de Son Excellence le Ministre de la guerre.

Metz, chez Verronnais, 1822.

In-folio. — 220 pages.

Cet important projet, rédigé à Metz par une commission spéciale ayant pour président M. le maréchal-de-camp d'artillerie, baron Doguerau jeune, est précédé d'un rapport daté du 15 octobre.

M. Verronnais est auteur d'un « Projet d'ordonnance pour régler le service dans les places et dans les quartiers; dédié à Son Exc. le marquis de Clermont-Tonnerre, ministre de la guerre. »

L'ouvrage a été imprimé en 1825. — In-folio de 120 pages.

Ce projet est destiné à remplacer l'ordonnance du 1er mars 1768, qui, dans plusieurs de ses parties, n'est plus en harmonie avec nos lois et avec les nouveaux réglemens en vigueur. Le travail de M. Verronnais a été classé au ministère parmi les documens les plus utiles, et le Ministre lui en a témoigné sa satisfaction.

Outre les ouvrages militaires qui occupent constamment plusieurs presses, M. Verronnais a publié divers autres écrits. J'ai sous les yeux :

Le Tombeau de lord Byron, chant lyrique, suivi de quelques observations sur la guerre des Hellènes;

par Maximilien Gressier [247], lieutenant au 32ᵉ régiment.

Mens dedit fidibus divos, puerosque deorum,
. . . .
Et juvenum curas . . . . *referre.*

Horace. art. poét.

Paris, chez Béchet, aîné. — De l'imprimerie de Verronnais. 1825.

In-8°. — 55 pages.

Mémoire sur un instrument propre à vérifier la coïncidence et la rectitude des axes des surfaces intérieures et extérieures des bouches à feu, et sur un moyen de représenter graphiquement cette première surface. Par I. Didion [248], ancien élève de l'école polytechnique, lieutenant d'artillerie. Metz, de l'imprimerie de Verronnais. 1826.

In-8°. — 28 pages, avec deux planches lithographiées.

Cet ouvrage, présenté dans un concours et distingué par le comité consultatif de l'artillerie, a obtenu une récompense de Son Exc. le Ministre de la guerre.

[247] M. Gressier est auteur d'une ode intitulée : L'avènement et le sacre de Charles X. — Metz, imprimerie de Verronnais. 1825. — In-8°. — 1 demi-feuille.

[248] M. Isidore Didion, né à Thionville le 22 mars 1798, est membre titulaire l'Académie royale de Metz.

Manuel des prud'hommes ; par Blondin fils, secrétaire du conseil des prud'hommes de Metz, et Léopold Mathieu, avocat à la cour royale.
Metz, imprimerie de Verronnais. 1827. — In-12.

Histoire de Thionville, suivie de divers mémoires sur l'origine et l'accroissement des fortifications, les établissemens religieux et de charité, l'instruction publique, la topographie, la population, le commerce et l'industrie, etc. ; de notices biographiques; de chartes et actes publics dans les langues romane et teutone, etc.
Par G. F. Teissier.

Terra..... potens armis atque ubere glebæ.
Virg. I. Æn.
Bello exercita pubes.
Auson. *Mosella.*

Metz, Verronnais, imprimeur-éditeur. 1828.
In-8° de xi et 494 pages, avec grav.

Ouvrage imprimé avec élégance et avec une grande correction.

M. Verronnais a continué et a amélioré à chaque nouvelle édition l'Almanach du département de la Moselle, qui porte toujours le titre d'*Annuaire de Verronnais*.

Ceux de 1825 et de 1826 contiennent la Faune du département [249], par M. Holandre, conservateur

---

[249] Voici le titre complet de ce petit ouvrage, qui a été tiré séparément : Faune du département de la Moselle,

de la bibliothèque et du cabinet d'histoire naturelle. L'édition de 1828, 25ᵉ de la collection, a 444 pages; l'Académie royale de Metz en a fait mention avec éloge dans le dernier volume de ses mémoires.

Enfin, il est depuis 1826 l'éditeur d'un Messager boîteux du département de la Moselle, et d'un Messager boîteux de la ville de Metz, qui se tirent à un très-grand nombre d'exemplaires, c'est-à-dire, de 15 à 20,000. Ces recueils populaires ne doivent jamais renfermer que des idées justes, que des observations utiles, que des procédés agricoles justifiés par l'expérience, que des recettes vétérinaires ou médicales éprouvées et d'un emploi facile; c'est un des meilleurs moyens d'éclairer les campagnes. M. Verronnais est louable d'avoir travaillé pour un pareil but; chaque année, il doit faire de nouveaux efforts pour l'atteindre d'une manière de plus en plus complette.

et principalement des environs de Metz, ou Tableau des animaux que l'on y rencontre naturellement, avec diverses indications sur leur rareté, sur les lieux et les époques de leur apparition.

DOSQUET (Charles). 1824 à 18..

109. Époux d'une nièce de Brice Antoine, il est devenu propriétaire de l'établissement en 1824, et a reçu un brevet le 24 février de la même année.

Imprimeur de la Préfecture, de la Cour royale, des Directions des contributions directes et indirectes, des Hospices, etc., il a cherché, dès la première année, à perfectionner les ouvrages de ses presses, et à mettre en usage les nouveaux procédés d'exécution.

Il a continué la suite des écrits numismatiques de M. le Baron Marchant (Nicolas Damas), collection commencée en 1818.

Ces écrits ont paru par parties séparées; les amis de l'archéologie nous sauront gré d'en donner la note exacte :

1. Mélanges de numismatique et d'histoire, ou correspondance sur les médailles et monnaies des empereurs d'Orient, des princes croisés d'Asie, des barons français établis dans la Grèce, des premiers califes de Damas, etc. — Première monnaie épiscopale, sous les Mérovingiens, seule monnaie d'or légitime d'un évêque français; avec figures, dont 36 de médailles et monnaies inédites du cabinet de l'auteur; par N. D. Marchant.

Paris, F. J. Fournier jeune. 1818.—De l'imprimerie de Claude Lamort, à Metz.

In-8°. — 122 pages. — Ce volume contient douze lettres.

2. Attribution au jeune Basilisque, fils d'Hormate, de la légende LEO. NOV. CÆSAR, qui se rencontre sur une médaille de bronze de l'empereur Zénon. — Idée du système monétaire des rois goths d'Italie. — Monnaie frappée à Rome sous Odoacre. — Restitution aux rois Baduela et Théias, sous Justinien, des médailles attribuées à des princes inconnus contemporains d'Anastase.

A Messieurs de la société des recherches utiles de la ville de Trèves. (Metz, le 2 novembre 1821.) — Imp. d'Antoine.

In-8°. — 10 pages.

3. Restitution à Constantin, César, fils de Michel III et d'Eudocie Décapolitène, des médailles d'or et de bronze qui ont été faussement attribuées par Ducange, Banduri et Beger à un prétendu fils de l'empereur Théophile, qui aurait été frère puîné de Michel III. — Médailles uniques et inédites de l'empereur Michel Ier, Rhangabé, et du césar Théophylacte, son fils.—Metz, le 15 juin 1824. (Lettre XIVe.) — Imp. de Ch. Dosquet.

In-8°. — 8 pages, avec une gravure.

4. Attribution aux impératrices Martine et Gregoria, de deux figures impériales qui se remarquent sur

des médailles communes à l'empereur Héraclius et à son fils Héraclius Constantin. — Médailles inédites de l'impératrice, femme de Constant II, dont le nom n'est pas connu. — Metz, le 25 juillet 1824. (Lettre XV°.) — Imp. de Ch. Dosquet.

In-8°. — 8 pages, et une gravure.

5. Attribution à Genseric, premier roi des Vandales en Afrique, de plusieurs médailles de bronze restées incertaines. — Rapport de ces monnaies avec le sesterce, continué comme monnaie de compte sous la dénomination de *nummus*, avec le *phollis* et le *milliarésion* du Bas-Empire. — Restitution aux rois vandales de Carthage, de l'élévation au centième, du rapport du cuivre à l'argent, disposition de haute administration que l'on attribuait à Justinien Ier. — Metz, le 15 septembre 1824. (Lettre XVI°.) — Imp. de Ch. Dosquet.

In-8°. — 20 pages, avec une gravure.

6. Attribution à Sainte Hélène, mère de Constantin-le-Grand, de toutes les médailles du siècle de cet empereur qui nous sont parvenues avec le nom d'Hélène. — Restitution à l'impératrice Flavia Maximiana Fausta, de la médaille que les numismates ont attribuée, sans motif, à la première femme, inconnue, du césar Constance II. — Metz, le 1er mars 1826. (V° suite. Lettre XVII°.) — Imp. de Ch. Dosquet.

In-8°. — 24 pages, avec une gravure.

7. Examen de quelques circonstances relatives aux médailles de l'empereur Justin II et de Sophie. — Probabilités en faveur de la restitution à l'impératrice Sophie de Justin II, du portrait en pied de la mosaïque de Ravenne, attribué à Théodora. — Médailles inédites de Carthage, destructives d'une allégation de Procope, concernant le changement du nom de cette cité en celui de Justinienne. —Metz, le 20 août 1826. (VI° suite. Lettres XVIII° et XIX°.) — Imp. de Ch. Dosquet.

In-8°. — 17 pages, avec trois gravures.

8. Médaille unique et inédite de l'empereur Fréderic II de Souabe, chef de croisés en 1229. — Médaille inédite du royaume de Jérusalem, et probablement de Conrad de Montferrat, l'un des époux d'Isabelle. (Metz, le 11 décembre 1826.) — Médailles d'argent, inédites, du cinquième roi d'Italie Hildevald, et du sixième, Eraric. — Monnaie de bronze du troisième roi lombard AVTHARIS. — Metz, le 26 décembre 1826. (VII° suite. Lettres XX° et XXI°.) — Imp. de Ch. Dosquet.

In-8°. — 16 pages, avec deux gravures.

9. Attribution à l'exarque Héraclius, père de l'empereur, de deux médailles classées à l'empereur Héraclius II - Constantin. — Médailles inédites d'Héraclius-Constantin et de Constant II, de Justinien II, de Léonce II, et d'un fils inconnu de ce dernier Auguste.—Médailles inédites de Tibère III-

Absimare et de Léon l'Isaurien. — Metz, le 1ᵉʳ mai 1827. (VIIIᵉ suite. Lettre XXIIᵉ.) — Imp. de Ch. Dosquet.

In-8°. — 12 pages, avec une gravure.

10. Lettre à M. le Chevalier Gosselin, membre de l'académie royale des inscriptions et belles-lettres, conservateur du musée des antiques, sur les médailles des empereurs de Trébizonde. — Metz, le 15 mai 1827. (IXᵉ suite. Lettre XXIIIᵉ.) — Imp. de Ch. Dosquet.

In-8°. — 16 pages, avec une planche.

11. Lettre à M. D. O. Bonglie, conseiller d'intendance à Foggia, royaume des Deux-Siciles, sur les médailles des empereurs du nom de Théodore. — 18 Avril 1828. (Lettre XXIVᵉ.) — Imp. de Ch. Dosquet.

In-8°. — 12 pages, avec grav. de 2 médailles.

12. Médaille unique et inédite des Gaulois-Eduens, frappée sous le magistère du Vergobret Cisiarix; par M. le Baron Marchant. — Mai 1828. (Xᵉ suite. Dissertation XXVᵉ.) — Imp. de Sigisbert Lamort.

In-8°. — 8 pages, avec la gravure de la médaille. (Extrait des Mémoires de la société des lettres, sciences et arts et d'agriculture de Metz.)

13. Médailles inédites de la famille *Lollia* et des Augustes *Domitien, Soemias, Mammée, Philippe II, Trébonien, Volusien, Postume, Victorin* et *Tétricus*. — Preuves numismatiques du commen-

cement du règne de *Trébonien* en l'an 1004 *v. c.*, et de sa fin dans les premiers mois de l'an 1007 *v. c.* — Conséquences relatives à l'histoire du temps, et, spécialement, à l'état civil de *Gu. C. Supera.* — Metz, le 1er septembre 1828. (Lettre XXVIe.) — Imp. de Ch. Dosquet.

In-8°, avec grav.

14. Explication de la légende *numérale* XCVI des médailles d'argent du temps de Dioclétien. — Documens en faveur de l'existence du denier de compte, et sur le cours légal des divers *argenteus.* — De la *Moneta Majovina.* — Médailles inédites frappées de l'ordre de *Carausius.* — Metz, le 1er octobre 1828. (Lettre XXVIIe.) — Imprimerie de Ch. Dosquet.
In-8°, avec une gravure.

Toutes ces lettres portent la signature de M. le Baron Marchant [250]. Les gravures qui y sont jointes sont d'une exécution parfaite et d'une grande vérité; elles sont de M. Michaud et de son fils, tous deux nés à Metz.

[250] M. Marchant est auteur de plusieurs autres écrits :

1° Lettre de M** à M. de ****** (Wendel), membre de la chambre pour le département de la ******* (Moselle), sur le système le plus convenable à la monarchie française. — 26 décembre 1815. — Metz, de l'imp. de Cl. Lamort. — In-8°. — 22 pages.

2° Rapport fait au conseil général du département de la Moselle, sur la destination ultérieure du dépôt de mendicité de Gorze. — Metz, de l'imp. de Madame Verronnais. 1818. — In-8°. — 20 pages et deux tableaux.

Réflexions d'un électeur sur le projet d'indemnité pour les émigrés ; par M. de Maud'huy (Pierre-Thérèse), ancien député à la chambre, conseiller de préfecture. — Metz, de l'imp. de Ch. Dosquet. — Décembre 1824.

Barème du jaugeage métrique, ou Comptes-faits de la contenance des tonneaux et de leur contenu à chaque centimètre de la hauteur du liquide ; contenant un traité du jaugeage métrique des vaisseaux, basé sur les principes géométriques ; par F.-J. Guépratte, ancien contrôleur ambulant de l'administration des contributions indirectes. — Metz, de l'imp. de Ch. Dosquet. — Juillet 1824.

In-12. — iv et 166 pages, et une planche lithographiée.

Barème du jaugeage métrique (extrait de l'ouvrage précédent).

In-12. — 119 pages, et une planche lithographiée.

Rapport sur l'exposition des produits de l'industrie du département de la Moselle, provoquée par M. le Vicomte de Suleau, Préfet de ce département, à l'occasion du voyage du Roi, en 1828, et dirigée par l'Académie royale de Metz ; rédigé par M. Bergery, professeur de sciences appliquées de l'école royale d'artillerie, secrétaire de l'Académie royale de Metz, rapporteur du Jury de l'exposition.

In-8° (sous presse).

LAMORT (Sigisbert). 1828 à 18..

110. A la mort de Claude Lamort, son fils Sigisbert fut pourvu d'un brevet d'imprimeur. Il a continué le débit de la collection des lois romaines et la publication de deux écrits périodiques :

1° L'Abeille de la Moselle; affiches, annonces et avis du département et de la ville de Metz.—Neuvième année.

2° Jurisprudence de la cour royale de Metz, ou Recueil des arrêts rendus par la cour royale de Metz, en matière civile, criminelle, commerciale, de procédure et de droit public [251].

In-8°, par cahiers. Ce recueil est à sa dixième année d'existence ; ses deux auteurs, dont nous croyons devoir faire connaître les noms, MM. Parant (Narcisse) et Oulif (Charles-Narcisse), y ont constamment mis l'empreinte de la lucidité et de la bonne foi que l'on remarque toujours dans leurs plaidoiries; le succès de cet ouvrage est assuré. Voici le détail des volumes de cette collection.

Tome I. 1re partie. 384 pages.— 2e partie, de 385 à 797 pages. — 1818.

[251] Le prix de la souscription est de 9 francs pour six cahiers, pris à Metz, et de 10 fr., franc de port, pour l'extérieur. Chaque cahier est de 4 feuilles in-8°.

Tome II. 1re partie. 384 pages. — 2e partie, de 385 à 802 pages. — 1819.

Tome III. 1re partie. 384 pages. — 1820. — 2e partie, de 385 à 806 pages. — 1821.

Tome IV. 1re partie. 312 pages. — 1822. — 2e partie, de 313 à 786 pages. — 1823.

Tome V. 1re partie. 392 pag. — 1824. — 2e partie, de 393 à   pages. — 1826 et 1827.

M. Lamort continue aussi à être chargé de l'impression des cours de sciences appliquées à l'industrie, faits par des membres de la société des lettres, sciences et arts et d'agriculture de Metz, aujourd'hui académie royale. Voici la liste de ces utiles publications:

Géométrie appliquée à l'industrie, à l'usage des artistes et des ouvriers; par M. C.-L. Bergery, ancien élève de l'école polytechnique, ancien capitaine d'artillerie, chevalier de la légion d'honneur, membre de la société académique de Metz, et professeur de sciences appliquées de l'école d'artillerie de la même ville. — Metz, imp. de C. Lamort. — 1825.

In-8°. — xxiv et 335 pages, 13 planches lithogr.

Deuxième édition, corrigée et augmentée de notions élémentaires sur les transversales, etc. [252] — 1828.

xxij et 467 pages. — 14 planches lithographiées.

[252] Cet ouvrage vient d'être approuvé par le conseil royal de l'instruction publique.

Géométrie des courbes, appliquée à l'industrie; par le même. — Imp. de C. Lamort. — 1826.

In-8°. — xvij et 207 pages, quatre planches lithographiées. (Cet ouvrage forme la 2ᵉ partie et le complément de la Géométrie appliquée à l'industrie.)

Exercices d'arithmétique, à l'usage des jeunes ouvriers qui veulent suivre les cours industriels, publiés par ordre de la société des lettres, sciences et arts et d'agriculture de Metz; par J.-L. Woisard [253]. — Imp. de C. Lamort. — 1826.

In-8°. — 47 pages.

Arithmétique appliquée aux spéculations commerciales et industrielles, par J.-L. Woisard, et rédigée par Berton; 1ʳᵉ partie — Metz, imp. de C. Lamort. — 1827.

In-8°. — x et 56 pages.

La seconde partie de cet ouvrage devait paraître en 1828. La mort de M. Woisard l'a laissé incomplet; mais il doit être achevé par MM. Woisard jeune et Bergery.

Elémens de dessin géométrique, à l'usage des artistes

---

[253] M. Woisard, ancien élève de l'école polytechnique, est mort à Metz, sa patrie, le 16 février 1828, à l'âge de 29 ans. (Mémoires de la Société des lettres, sciences et arts et d'agriculture, de Metz. — Année 1827-1828. Page 119.)

et des ouvriers qui suivent les cours industriels ; par N. Berton.

Metz, imp. de C. Lamort. — 1827.

In-8°. — 77 pages et 5 planches lithographiées.

Le cours de dessin géométrique, 2ᵉ année, fait par M. Bardin, et celui de mécanique, professé par M. Poncelet, n'ont pas été publiés. Un prospectus distribué en 1827 a annoncé le premier comme devant paraître en 1828, ainsi qu'un cours d'économie industrielle, par M. Bergery.

M. Poncelet, capitaine du génie et professeur à l'école royale d'application de l'artillerie et du génie, a publié à Metz, sa patrie, les ouvrages suivans :

Traité des propriétés projectives des figures. — Imp. de C. Lamort. — 1822.

In-4°. — vi et 426 pages et 12 planches gravées.

Mémoire sur les roues hydrauliques à aubes courbes, mues par-dessous, etc. [254], 1ʳᵉ édition. — 1824. — Deuxième édition, augmentée d'un second mémoire sur des expériences en grand relatives à la nouvelle roue, contenant une instruction pratique sur la manière de procéder à son établissement.

Metz, imp. de C. Lamort. — 1827.

In-4°. — 146 pages et deux planches gravées.

[254] Cet ouvrage a valu à son auteur, en 1825, le prix de mécanique fondé par M. de Montyon.

M. S. Lamort imprime en ce moment une seconde édition, entièrement refondue, du

Manuel de la métallurgie du fer, par M. Karstein, traduit par P.-J. Culmann, capitaine d'artillerie, membre de l'académie royale de Metz.

(Deux volumes in-8°.)

APPENDICE.

JEAN PALIER.

Voici un ouvrage qui nous était échappé dans l'article concernant l'imprimeur Jean Palier, pag. 32 et suiv. :

MANVEL DES
abus de lhomme ingrat,
COMPOSE PAR F. MATHIEV DE

la Lande. Auec la copie des lettres de Martin Bucere de Strabourg : enuoyées audit F. Mathieu, (pour lors preschant à Metz) : et la response d'icelles translatées de latin en francois, par ledict E. M. docteur en Theologie, en la faculte de Paris, et Prouincial de lordre des Carmes, en la puince de Frāce.

La vignette qui suit ce titre porte, dans la partie supérieure, un Pape à mi-corps; au-dessous est la légende : 1539. SERVA MANDATA DEI,

Dans la partie inférieure est l'écusson de la ville de Metz, ayant deux anges pour supports, et derrière, une pucelle armée d'une épée. Au-dessous de l'écusson est le monogramme de l'imprimeur I. P.

Le bas de cette première page porte :

¶ Imprime à Metz Par Iehan Palier a lenseigne du Lion couronne. 1544.

A la dernière page du volume, au-dessous du privilége, signé par I. I. de Mesmes, Prévôt de Paris, on lit :

¶ On les vend à Paris, au dessus de Sainct Hylaire, a l'enseigne du Lion Couronne : par Iehan Palier. 1544.

Ce volume prouve, 1° que l'imprimerie de Jean Palier était déjà en activité en 1539, année où Laurent Tallineau imprimait aussi à Metz; 2° qu'en 1544, ce Jean Palier, ou un frère du même nom, avait à Paris une boutique de librairie ayant la même enseigne que l'imprimerie de Metz, le Lion Couronné.

ABRAHAM FABERT.

Nous avons omis un des plus beaux produits des presses de Fabert :

Les heures de Nostre-Dame, latin-françois, à l'vsage de Rome.
A Metz, Par Abraham Faber (*sic*), Imprimeur ordinaire et Iuré de laditte Ville. 1599.

(En noir et en rouge.)

Au milieu de ce titre se trouve l'effigie de la Vierge, voilée, en buste; autour : VIRGO MARIA; au bas de cette taille-douce le monogramme lié PVB (Petrus Woeriotius Bozœus)[255] du graveur Pierre Woeriot, avec la date 1596. M. Weiss, dans l'excellent article qu'il a consacré à Pierre Woeriot, annonce qu'on ne connaît de lui aucun ouvrage qui soit postérieur à 1579, année où a paru le volume d'Antoine Le Pois sur les médailles et gravures antiques. La Vierge des Heures de Metz est postérieure de 17 ans.

[255] Notices sur les graveurs qui nous ont laissé des estampes marquées de monogrammes, chiffres, rebus, lettres initiales, etc., avec une description de leurs plus beaux ouvrages et des planches en taille douce, contenant toutes les marques dont ils se sont servis; suivies d'une table qui en donne l'explication. Besançon, Taulin-Dessirier. 1807 et 1808. 2 vol. in-8°.

Les autres gravures de ces Heures sont des tailles en bois, sans indication d'artiste.

Le volume est sans pagination; les signatures vont d'A à VV. (43 feuilles. — 688 pages.)

L'impression de ce précieux volume est fort soignée et ne peut être que l'ouvrage d'un typographe consommé, tel que l'était Abraham Fabert.

Chacun des mois du calendrier est accompagné d'une gravure; au-dessous de chacune d'elles est un quatrain.

IMPRIMERIE LITHOGRAPHIQUE.

C'est à un chanteur des chœurs du théâtre de Munich, *Aloys Senefelder*, qu'est due l'invention de la lithographie. Ce nom doit rester cher aux arts. Cette découverte a trente ans d'existence, et c'est en 1800 que Senefelder reçut de son souverain un privilége exclusif de treize ans pour l'exercice de ses procédés. Nous devons l'importation de l'art lithographique en France à M. de Lasteyrie (Charles-Philibert), membre de la Société royale et centrale d'agriculture.

Aujourd'hui Paris a plus de 40 imprimeries lithographiques, et ce nombre doit s'accroître, parce que les applications de leurs travaux s'augmentent et s'étendent encore. A Metz, l'établissement d'un atelier ne remonte qu'à 1821; c'est alors que MM. Dupuy (Robert), et Tavernier (Robert)[256], tous deux habiles dans les arts du

---

[256] M. Dupuy est directeur et professeur de l'école gratuite de dessin, et associé libre de l'Académie royale de Metz; M. Tavernier, agrégé de la même Académie, est instituteur-adjoint à l'école d'application de l'artillerie et du génie de Metz, pour les dessins et les levers militaires. Tous deux sont nés à Metz.

dessin et s'en occupant autant par goût que par état, s'associèrent et obtinrent un brevet. Les ouvrages sortis de leurs presses depuis sept ans sont fort nombreux; ils tendent chaque jour à se perfectionner.

M. Toussaint, habile graveur à Metz, va fonder dans cette ville un second établissement lithographique, également destiné à prospérer. Cet artiste publie en ce moment, en deux livraisons, une Méthode complette d'écriture cursive, dite anglaise, format in-4° oblong. Les gravures en taille-douce sont précédées d'explications préliminaires où l'auteur développe sa méthode. Ce texte est imprimé par M. Ch. Dosquet.

EXCURSION

TYPOGRAPHIQUE

OU

NOTICES SOMMAIRES

SUR LES

PREMIERS TEMPS DE L'IMPRIMERIE

DANS LES VILLES VOISINES DE METZ *.

TREVES.

Cette superbe cité, encore remplie des nobles traces de son antique splendeur, doit être placée au nombre des villes où l'imprimerie a été en usage avant 1500. La bibliothèque de Trêves, qui a pour conservateur M. Joseph-Hugues Wyt-

* Ces notices sont puisées en grande partie dans les renseignemens que m'ont donnés MM. Wyttenbach, Soyer-Willemet, Clouet et Simon, conservateurs des bibliothèques des villes de Trèves, Nancy, Verdun et Saint-Dié.

tenbach, dont on ne peut assez vanter l'érudition variée et l'affabilité, possède le livre suivant [257] :

Speculum datum nobile et preciosum ipsorum sacerdotum, in quo refulgent et repraesentantur aliqua valde utilia speculanda circa tria principalia baptismi, eukaristiae et penitenciae sacramenta.

A la fin de l'ouvrage :

Explicit Speculum Sacerdotum. Impressum Treuiris. anno Domini Millesimo quadringentesimo octuogesimo primo. Circa festum assumptois Marie Virgis gloriose.

(16 feuilles in-4°. Sans nom d'imprimeur.)

A la suite, sont deux autres écrits imprimés avec les mêmes caractères que l'ouvrage principal.

1.

Incipit expositio fructuosa symboli Athanasii.
(5 feuilles.)

2.

Sequitur devotus modus dicendi Pater noster.
(1 feuille.)

[257] Versuch einer geschichte von Trier; von Joh.-Hugo Wyttenbach. Tom. II. 168. — L'académie royale de Metz a décerné au savant Wyttenbach le diplôme d'associé correspondant.

Ce *Speculum sacerdotum* et ses deux appendices sont une espèce d'agenda à l'usage des ecclésiastiques : il était particulier à l'église de Trèves, qui dut sa publication à l'archevêque Jean II de Baden, mort en 1503.

Je profite de cet article pour rectifier, d'après une note de M. Wyttenbach, l'indication que j'ai donnée, page 26, du *Medulla gestorum Trevirensium*.

L'ouvrage de Jean Enen a été composé en allemand : deux éditions ont été imprimées à Metz, par Gaspard Hochfeder : in der freuen Stat Metzs, ein von vier Hauptstetten des heyligen roemischen Reichs. « Dans la ville libre de Metz, l'un des quatre chefs-lieux du saint empire romain [258].

Ces deux éditions sont de 1514 et de 1515, sous l'épiscopat de Richard de Greiffenclaw.

La traduction latine de Jean Scheckmann a paru à Metz, en 1517 : *Opera honesti viri Caspari Hochfelder excusoris et civis Metensis.*

---

[258] Les trois autres étaient Augsbourg, Aix-la-Chapelle et Lubeck. « *Sunt quoque imperii civitates quæ primariæ et speciali privilegio per excellentiam imperii civitates dicuntur, nempè Augusta, Aquisgranum, Metis et Lubeca.* » Mém. sur l'état de la ville de Metz...... (par M. Lançon). 1737. — In-folio. — Pag. 2.

TYPOGRAPHIE LORRAINE.

1478. « Cette année est remarquable en Lorraine, dit Henriquez, par l'introduction de l'imprimerie. Un nommé Didier Virion amena de Paris un garçon qui commença à imprimer des vers à la louange de Réné II. [259] »

Cette anecdote, copiée par l'abbé Bexon dans son histoire de Lorraine, ne prouve pas, même en l'admettant, que l'art de Guttemberg ait été pratiqué en Lorraine à dater de 1478; on voit seulement qu'un souverain, curieux d'avoir des notions sur une découverte encore peu répandue, en a fait faire devant lui l'expérience.

M. Durival aîné, dans sa description de la Lorraine, cite quelques-uns des premiers imprimeurs [260] : sa liste et ses dates ne sont pas exactes.

Jusqu'à présent, le livre le plus ancien imprimé en Lorraine porte la date de 1503.

[259] Abrégé chronologique de l'histoire de Lorraine... par M. H. (Henriquez). Paris, 1765. 2 vol. in-12. — Description de la Lorraine et du Barrois, par M. Durival l'aîné. Nancy, 1778 à 1779. — 4 vol. in-4°.

[260] « Après la découverte des caractères mobiles, l'im-
« primerie ne tarda pas à s'établir en Lorraine. Voici
« les noms de quelques-uns de nos premiers imprimeurs :

SAINT-NICOLAS DE PORT.

Hore ͷginis Marie ad usum Tullensis ecclesie.

Un vol. in-8°. goth. Sans chiffres ni réclames. Signatures **a—s**.

A la fin on lit :

Faictes et imprimees à St Nicolas-du-Port le xxviij jour de juing l'an de grace mil cincq cent et trois : pour le Roy de Sicile Duc de Lorrayne et de Bar...... par Pierre Jacobi.

La perfection de l'exécution de cet ouvrage doit faire croire qu'il y a eu des essais antérieurs. Ainsi il est présumable que l'on découvrira des éditions lorraines appartenant au XVe siècle.

En 1518, le même Pierre Jacobi imprima à Saint-Nicolas la Nancéide de Pierre de Blaru[261] :

« A Saint-Nicolas-de-Port, Pierre Jacobi, prêtre, en
« 1508. A Pont-à-Mousson, Melchior Bernard, 1605,
« 1607 ; Sébastien Cramoisy, 1623 ; Gaspard Bernard,
« 1630. A Nancy, Blaise André, 1607 ; Jacob Garnich,
« 1614, 1615. A Saint-Mihiel, François Dubois, 1619.
« A Epinal, Ambroise Ambroise, 1632. A Clairlieu,
« Jean Savine, 1609. (I. 363.)

[261] Hist. de Lorr. de Calmet. — Biog. univ. IV. 573. L'article de Pierre de Blaru est de M. Weiss. — Biblioth. historique de la France. II. N° 17313. — Casim. Oudini commentarius de scriptoribus ecclesiæ antiquis...... etc. Franckf. 1722. 3 vol. in-folio. — III. 2674. — Debure. Bibliog. instructive. Belles-lettres. I. 431. N° 2926. Il donne une description exacte de ce volume.

Petri de Blarrorivo Parrhisiani insigne Nanceidos opus, seu poema de bello Nanceiano libri VI. — Cum figuris. Impressum in pago S. Nicolai de Portu, per Petrum Jacobi, presbyterum loci paganum, typographum ducis Lotharingiæ, anno Domini 1518. — In-folio.

TOUL.

Entre ces deux dates de 1503 et de 1518, et postérieurement, on voit le même Pierre Jacobi être imprimeur à Toul, tout en conservant la qualité d'habitant du bourg de Saint-Nicolas.

Avait-il fondé deux établissemens typographiques, l'un à Saint-Nicolas, l'autre à Toul? ou bien ne transportait-il pas alternativement son matériel dans la ville où il avait de l'ouvrage assuré à l'avance?

Le livre cité jusqu'à présent comme le premier qui ait été imprimé à Toul, est le traité *de artificiali perspectivâ*, par Jean Pellegrin, dit le Voyageur [262]. — In-folio. 1505.

Une seconde édition est de 1509; une troisième est de 1521.

---

[262] V. sur Jean Pellegrin, l'Histoire de Toul, par le père Benoît. Toul. 1707. In-4°. Page 605. — L'Hist. de Lorr. de Calmet. V. 609. — Biblioth. lorraine de Calmet. 719.

La deuxième est à la bibliothèque mazarine ; elle porte au frontispice [263] :

DE ARTIFICIALI PSPECTIVA.

au-dessous de la vignette :

VIATOR : SECVNDO.

((Pinceaux, Burins, Acuilles, Lices, Pierres, Bois, Metaulx, Artifices.

A. 1.

Vol. in-folio de 15 feuilles, en 3 cahiers de 5 feuilles. Les plans et figures au trait, intercalés dans le texte.

L'ouvrage latin est suivi à chaque article de la traduction française.

A la fin de l'ouvrage, on lit :

Impressum Tulli anno catholice veritatis quigetesimo nono ad millesimū. ⦃⦃⦃⦃° Idus Marcias. Solerti opera Petri Jacobi pbri incole pagi Sancti Nicolai.

✢ Sola fides sufficit.

La 3ᵉ édition est à la bibliothèque de l'arsenal. Comme la 2ᵉ, elle a quinze feuillets divisés en

---

[263] Je dois ces renseignemens au zèle éclairé et à l'amitié de M. Delacour, de Thionville, sous-chef au ministère des affaires ecclésiastiques.

cinq cahiers; mais elle contient quelques dessins de plus. En outre, le frontispice diffère.

La première ligne porte :

✠ DE ARTIFI.ᴸᴵ PSPEC.ᵛᴬ VIATOR. TER.°

A la fin du livre, on lit :

Impressum Tulli anno catholice veritatis quigetesimo vicesimo primo ad milesimū. vii° idûs septembres. Solerti opera Petri Iacobi pbri incole pagi Sancti Nicolai.

✠ Sola fides sufficit.

Jean Pelegrin fit placer, en 1512, une inscription près du tombeau de Saint Mansuy (*Mansuetus*), premier évêque de Toul; il fit mettre à la fin de cette inscription cette ligne :

Johannes Peregrinus viator posuit an. 1512.

Ce surnom de *viator* se trouve dans le frontispice de l'ouvrage : *De artificiali perspectivâ.* Ailleurs, l'auteur fait allusion au nom de Pelegrin. Sous l'image d'un chariot, on lit : *Carretta Pelegrina.*

L'ouvrage de Pelegrin a été inscrit dans plusieurs catalogues de la manière la plus incorrecte.

Dans celui du maréchal d'Estrées. 1740. 2 vol. in-8° :

8505. Petri Jacobi compedium de perspectiva positiva, ou Abrégé de la perspective positive. Tulli 1505. In-folio. Fig.
8506. Idem. Tulli. 1521. In-folio. Fig.

Toul doit être cité à un autre titre dans un ouvrage bibliographique. C'est dans cette ville qu'un imprimeur, instruit dans son art et dans les lettres, M. Joseph Carez, a fait, en 1785 [264], un premier essai d'éditions qu'il appelait *omotypes*, pour exprimer la réunion de plusieurs types en un seul. M. Carez, qui a devancé dans cette nouvelle carrière MM. Pierre et Firmin Didot et Louis-Etienne Herhan, mérite une des premières places parmi les hommes qui ont créé les nouvelles méthodes typographiques par le polytypage, le stéréotypage, etc.

M. Carez, député à l'assemblée législative en 1791, est mort en 1801, étant Sous-Préfet de Toul, sa ville natale. Son fils, Joseph Carez, également distingué dans les arts, possède à Toul un bel établissement typographique et une fonderie de caractères.

[264] A. G. Camus. Histoire et procédés du polytypage et du stéréotypage. Paris, Renouard. 1802. In-8°. — P. Lambinet. Origine de l'imprimerie. II. 371 à 377. — G. Peignot, Dictionnaire raisonné de bibliologie. II. 193.— etc.

PONT-A-MOUSSON.

Charles III, duc de Lorraine, fonda une université à Pont-à-Mousson, en 1572[265], pour le droit, la médecine, les humanités, la théologie, la philosophie et les sciences mathématiques; c'est sans doute vers la même époque que cette ville eut une imprimerie. Le premier nom d'imprimeur est celui de Martin Marchand, établi précédemment à Verdun.

1° Erectio et fundatio generalis studii, seu academiæ privilegiatæ civitatis Pontimussi in Lotharingia.
Pontimussi, Martinus Mercator. 1583.

Vol. petit in-8°, en caractères romains, sans chiffres ni réclames. Signat. a—d.

2° Epigrammata in haereticos, authore And. Frasio, soc. Jesu.
Mussiponti, Martinus Mercator. 1587.

Un vol. in-12, en caractères italiques; sans chiffres, mais avec des réclames. Signat. à—e.

3° Breviarium secundum usum insignis ecclesiae Tullensis.
Mussiponti; Stephanus Mercator. 1595.

Un vol. in-8°. Chaque feuillet porte un chiffre au recto.

[265] Hist. de Lorr. de Calmet. V. 765.

4° De Republicâ libri sex et viginti. Auth. D. Petro Gregorio [266].

Pontimussi, Nicolaus Claudet. 1596.

Un vol. in-4°. Chiffré à la manière moderne.

5° Joannis Maldonati [267] commentarii in quatuor evangelistas.

Mussiponti, Stephanus Mercator. 1596.—97.

2 vol. in-f°. — Edition originale d'un ouvrage célèbre réimprimé un grand nombre de fois dans plusieurs villes de France, d'Allemagne et d'Italie.

6° Coustumes du Bailliage de Saint-Mihiel.
Au Pont-à-Mousson, Melchior Bernard. 1599.

Un vol. in-4°.

C'est Melchior Bernard que cite Durival comme le premier imprimeur de Pont-à-Mousson. On voit qu'il n'est que le quatrième.

NANCY.

Le Recueil ou Cronique des hystoires des royaulmes daustrasie ou France orientale dite a present Lorrayne de Hierusalem. de Cicile. et de la duche

---

[266] V. sur Pierre Grégoire, les Dictionn. de Bayle et de Moreri; la Biog. universelle. XVIII. 430. Il est mort en 1597.

[267] Biog. univ. XXVI. 341. — L'article du jésuite Maldonat est de M. l'abbé de Labouderie.

de Bar. ensemble des sainctz contes et euesques de Toul. Contenant sept liures tant en latin que en francoys...

Suit le détail des sept livres, etc.

Le nom de l'auteur est à la 5ᵉ page.

.... Composé par maistre Simphorien Champier, conseillier et premier medicin ordinaire de tres hault et tres uertueux prīce mōseigneur Anthoine, duc de Lorrayne, de Calabre et de Barʳ, etc.

Un vol. petit in-folio et non in-4°. — Gothique. — Sans chiffres ni réclames. Signatures a—s. — Par cahiers de six feuilles, excepté le dernier qui en a sept. — Sans nom d'imprimeur.

Des bibliographes [268] et divers catalogues indiquent trois éditions de cet ouvrage : l'examen de l'ouvrage prouve qu'il n'y en a pas eu d'antérieures à 1510 ; car l'épître dédicatoire à l'évêque de Toul, Hugues des Hazards, est datée : Ex Nancio v° idus februarii anno 1509. La souscription porte : Cy finit le Recüeil des hystoires..... composé à Nancy en Lorrayne et finy l'an de grace mil ccccx le dixiesme de mars, par maistre Symphorien Champier...... Cette date est celle de l'achèvement du manuscrit de l'auteur. Ainsi, c'est par erreur que l'on a indiqué des éditions de 1505 et de 1509.

[268] Goujet. Biblioth. française. X. 439.

Cette édition de 1510, que je crois être la seule qui existe, a-t-elle été publiée à Nancy ou à Lyon? Les biographes et les bibliographes diffèrent sur ce point que je soumets à leur attention.

Il n'y a pas d'indication de ville ni d'imprimeur.

Sur la première page de certains exemplaires, on lit:

Venudantur apud Nanceium primarium Lotharingie oppidum.

Sur d'autres exemplaires, et à la même place, on lit:

Venundantur in vico mercuriali apud Lugdunum in officina Vincentij de Portunarijs de Tridino.

Champier était premier médecin du duc Antoine. C'était pour plaire à son souverain qu'il lui donna Godefroy de Bouillon pour ancêtre, et qu'il fit remonter l'origine de la maison de Lorraine jusqu'à Adalbéron, fils prétendu de Clodion le Chevelu.

Cet ouvrage, qui devait exciter des réclamations et des plaintes, n'avait-il pas besoin de paraître dans les états même du duc? Champier l'écrivit et le termina à Nancy le 10 mars 1510; il le dédia à l'évêque de Toul. Ne sont-ce pas des indices qu'il ne chercha pas une imprimerie éloignée, et que ce fut sous ses yeux, sous ceux du duc, que fut publié ce volume? J'ai fait examiner à la bibliothèque du Roi l'ouvrage de Champier et les productions typographiques de Lyon au commencement du seizième siècle, chez Jacques Arnollet et Guillaume Balsarin; un homme instruit et exercé m'écrit :

« Les caractères employés à Lyon, à cette épo-
« que, étaient plus maigres et d'une approche plus
« serrée que ceux du livre dont il est question.
« L'impression de celui-ci est belle; le caractère
« un peu gras, bien proportionné et agréable à
« l'œil : ce caractère correspond au Saint-Au-
« gustin actuel, ou au 14 points typographiques.
« Je n'hésite donc pas à déclarer que ce livre
« n'a pas été imprimé à Lyon, et que cette ville
« n'a eu d'autre mérite que celui de le vendre. »

Si l'on admet que ce livre a été imprimé à Nancy, comment se fait-il que l'on ne retrouve d'imprimeur dans cette ville que quatre-vingts ans après, sous le duc Charles III ? On cite, quelques années avant 1600, l'imprimeur Blaise André; puis, Jean Garnich, en 1604; Sébastien Philippe, en 1625; plusieurs générations de Charlot, etc.

Je soumets ces observations aux bibliographes.

SENONES.

Dom Augustin Fangé, abbé de Senones et neveu de Dom Calmet, a fait imprimer à Senones la biographie de son oncle, ouvrage dont il est l'auteur :

La vie du très-révérend père D. Augustin Calmet, abbé de Senones; avec un catalogue raisonné de tous ses ouvrages, tant imprimés que manuscrits, auquel on a joint plusieurs pièces, qui ont rapport à cette vie.
A Senones, chez Joseph Pariset, imprimeur-libr. 1762. In-8° de VIII et 518 pages.

Un bibliographe a confondu, par inadvertance, *Senones* (Sens) avec l'abbaye de Senones : ce bourg, aujourd'hui chef-lieu de canton, est à 12 kilomètres de Saint-Dié.

Etival (Stivagium), abbaye de Prémontrés, à 12 kilomètres de Saint-Dié.

Jean-Martin Heller était imprimeur à Etival il y a cent ans.

VERDUN.

L'établissement de la typographie a été tardif à Verdun; pendant un siècle, on fit imprimer au-dehors les livres liturgiques de ce diocèse. Je citerai seulement :

1° Le Bréviaire [269] que l'évêque Guillaume de Haraucourt fit imprimer à Venise, en 1486. — In-8° [270].

2° Des Heures que le même Prélat publia chez Philippe Pigouchet, à Paris, en 1498. — In-8°.

3° Des Heures à l'usaige de Verdun.... Paris, pour Symon Vostre.... 1515. — Petit in-4°.

Nicolas Bacquenois, imprimeur à Reims, vint s'établir à Verdun, à la demande de l'évêque Nicolas de Lorraine.

Je trouve de lui :

1° Breviarium secundum usum insignis ecclesiae Virdunensis.... authoritate et mandato r^{di} in Christo patris et Domini D. Nicolaï Psalmaei, episcopi et comitis Virdunensis meritissimi. Virduni excudebat Nicolas Bacnetius, dicti r^i ep. typographus. 1560. Deux parties in-8°.

Le Missel et le Rituel du célèbre Psaume ont été imprimés à Paris.

---

[269] Roussel. Histoire civile et ecclésiast. de Verdun. — Page 405.

[270] Ce Bréviaire n'a ni chiffres ni réclames; il a des signatures. On lit à la fin : (*Explicit breviarium sm usum et consuetudinem ecclesie Virdunen. Sub reveredo in Christo patre domio dno Guilielmo de Haraucort episcopo et comite civitatis Virdunen. Impressum Venetiis per Jacobum Barbet, gallicu : imperante inclyto venetorum duce Augustino Barbadico : anno Dni 1486, die 27 mesis septebris.*

2° Canones et decreta sacrosancti œcumenici et generalis concilii Tridentini... autore R^{do} in X° patre D. D. N. Psalmeo, episcopo comite Virdunensi. Virduni apud N. Bacnetium, ejusdem R^{di} ep. et com. Vird. Typographum. 1564. — (Petit in-4°.)

N. Bacquenois étant devenu receveur des domaines de l'évêque Psaume, dédia à ce prélat un petit tarif des monnaies ayant cours en Lorraine. On remarque en tête des ouvrages sortis des presses de cet imprimeur, des préfaces judicieuses qui sont son ouvrage et qui décèlent un esprit cultivé.

Le second imprimeur de Verdun fut Martin Marchand (Mercator), qui a publié en 1573 une édition classique des distiques de Caton, et qui s'établit ensuite à Pont-à-Mousson. M. le Baron Marchant, de Metz, l'un de nos numismates les plus connus, appartient à cette famille, qui, probablement, n'est pas étrangère au célèbre géographe Gérard Mercator, contemporain de l'imprimeur de Verdun.

C'est à Verdun qu'a commencé l'ouvrage périodique intitulé : Le Journal historique sur les matières du temps, ou la Clef des cabinets des princes de l'Europe, et cité sous le nom de Journal de Verdun, imprimé chez Jacques-le-Sincère, à l'enseigne de la vérité. Il a duré, sans interruption, depuis juillet 1704 jusqu'en décembre 1776.

EPINAL.

Durival cite pour premier imprimeur à Epinal Ambroise Ambroise, en 1632.

J'ai sous les yeux un volume imprimé dans cette ville en 1617 :

Les Roys et Ducs daustrasie, depuis Theodoric Ier fils aisné de Clovis, jusque à Henry de Lorraine II, a present regnat Faict par Nicolas Clement [271], traduict en françois par Francois Guibaudet dijonnois.

A Espinal, par Pierre Houion imprimeur de son altesse. 1617.

In-4°, avec fig. en bois.

CLAIRLIEU.

L'abbaye de Clairlieu (*Clarus Locus*), près de Nancy, a eu un imprimeur au commencement du 17e siècle :

1° Discours des cérémonies, honneurs et pompes funèbres faites à l'enterrement de Charles III, duc de Lorraine.

Imprimé à l'abbaïe de Clairlieu, près Nancy, par Jean Savine. 1609.

Petit in-8°.

---

[271] V. sur Clément de Treille (Nicolas), la Biblioth. Lorr. de Calmet. 948.

2° De vita et miraculis theodidacti ac melliflui doctoris beati Bernardi primi clarævallis abatis : carmen, ex officina typographica monast. Clari Loci ad Nanceium, per Joan Savine. 1609.

Un vol. petit in-8°.

SAINT-DIÉ.

Les commencemens typographiques de cette jolie petite ville se rapprochent du 15e siècle, et peut-être pourra-t-on les faire remonter jusques-là par de nouvelles recherches.

On citait :

Philesii-Vosgesigenæ (Matth. Ringman), grammatica figurata [272].
Deodati, per Gualterum Lud. 1509.

Antérieurement à cette date, on trouve une édition latine des lettres du navigateur Americ Vespuce aux magistrats de Florence, sa ville natale. Cet opuscule fort rare a été publié à Saint-Dié, en 1507; il est cité dans l'ouvrage de M. Napione :

Esame critico del primo viaggio di Americo Vespucci al nuovo mondo.
Firenze; 1811.

[272] Brunet. Man. du lib. III. 70. — Bibl. Lorr. de Calmet. 738.

FIN.

TABLE

ALPHABÉTIQUE

DES NOMS D'HOMMES ET DE LIEUX, etc.

A.

Abocourt (Jean d'), magistrat de Metz, 52.
Académie royale des lettres, sciences et arts et d'agriculture de Metz, 181.
Agrippa de Nettesheym, ennemi de Metz, 6, 28.
Album du 16ᵉ siècle, 61 et suiv.
Almanachs de Metz, 139, 207, 239.
Ambroise (Ambroise), imprimeur à Epinal, 58, 276.
Ancillon (David), 92.
Ancillon (Joseph), 112.
Annuaire de Verronnais, 239.
Anspach (Johel), hébraïsant, 227.
D'Ansse de Villoison, helléniste, 190.
Anthoine (Jean), 82, 86 et suiv. — Antoine (Nicolas), imprimeur, 87, 99. — Antoine (Brice), imprimeur, 87, 100, 107 à 116. — Sa veuve, 116 et suiv. — Antoine (Claude), imprimeur, 98. — Antoine (François), imprimeur, 115, 124 et suiv. — Antoine le jeune (Jean), imprimeur, 116, 130. — Antoine fils (Dominique), libraire, 118. — Antoine (Joseph), imprimeur, 124, 129 et suiv., 146, 155. — Sa veuve, 131, 182. — Antoine (Charles-Marie-Brice), 131, 182, 187 à 202, 241. — Antoine (Pierre), 218.

Archevêques de Trèves, 254.
Arnollet (Jacques), imprimeur à Lyon, 272.
Assemblée provinciale des Trois-Évêchés, 182.
Asser (Lyon), grand-rabbin, 144, 150, 152.
Atour (le grand) de 1405, 33.
Audenelle (Jean), littérateur, 229.

B.

Bacquenois (Nicolas), imprimeur à Verdun, 274.
Baltus (Jacques), notaire, 120, 170.
Baltus (Jean-François), jésuite, 120.
Bardin, professeur, 251.
Bardou-Duhamel père (Charles-Louis), 128.
Bardou-Duhamel (Dominique-Nicolas-Hyacinthe-Louis), né et mort à Metz, 19, 121, 127, 161.
Basset (Odinet) et d'Arras (Jean), imprimeurs, 44 et suiv.
Bédacier (Pierre), suffragant de Metz, 94.
Behmer (Frédéric-Guillaume-Henri de), imprimeur, 172, 176 à 181.
Bénédictins des abbayes de Metz : Casbois (Nicolas), 161. — Jean-François, 1, 3, 121, 131, 158, 159. — Maugérard, 121, 159. — Tabouillot (Nicolas), 1, 3, 121, 131, 159, 163, 169. — Cajot (Joseph), 20, 88, 121, 140. — Pierron (Bernardin), 104, 234. — Collette, 189.
Bergery (C.-L.), professeur, 249.
Bernard (Melchior), imprimeur, 263, 269.
Berr (Michel), 193.
Berteaux (Nicolas-François), 183.
Berthier (Jean), imprimeur à Troyes, 82, 86.
Becœur (Jean-Baptiste), apothicaire, 127.

Bible de Guttemberg, 161.
Biding (Moyse), hébraïsant, 223, 226.
Blondin fils, 239.
Blouet, avocat, rédacteur d'un journal, 201, 207.
Bock (Jean-Nicolas-Etienne baron de), 167 et suiv., 180.
Boissard (Jean-Jacques), archéologue, 59.
Bomberg (Daniel), imprimeur à Anvers, 147.
Bonaffos de La Tour, 136.
Bossuet (Jacques-Bénigne), 92 et suiv.
Bouchard (Claude), imprimeur-libraire, 56, 100. — Bouchard (François), imprimeur, 99, 100. — Bouchard (Jean), libraire, 99.
Boullay (Edmond de), 38, 41.
Bragelogne (Thomas de), premier président, 98.
Brayer (Pierre), grand archidiacre, 111.
Brecquin, imprimeur, 79.
Bréviaire de Metz, 42, 43. — De Verdun, 274.
Brioys (Jean), ingénieur, 97.
Brisac (Abraham), imprimeur à Lunéville, 154.
Bruillan de Coursan (Claude), 94.
Brunet (J.-Charles), bibliographe, 6, 11, 277.
Buchoz (Jean-Pierre), naturaliste, 138, 217.
Buffon (Histoire naturelle de M. de). Procès, 176.

C.

Calendrier républicain, éditions, 204.
Carez (Joseph), inventeur de l'omotypie, 267.
Calmet (Augustin), 273, etc.
Carmoly (E.), auteur d'une biographie, 230.
Champier (Symphorien), historien lorrain, 270.
Charmeil (Pierre-Marie-Joseph), 198.

Chatelain de la porte Saint-Thiébault. Sa chronique en vers, 36, 106.

Chazelles (Laurent de), 170.

Chédeaux (Pierre-Joseph), négociant, 232.

Chenu (Louis), avocat, 129, 135, 142, 156.

Chevalier aux Dames (Le), poème, 27.

Cheuppe ou Xeuppe, punition infamante à Metz, 29.

Cheuvreusse, naturaliste, 170.

Clairlieu (Imprimerie à), 276.

Clerginet (Michel), avocat, 131.

Colini (Jean) et Gérard de Ville-Neuve, carmes, imprimeurs à Metz en 1482, 7 et suiv.

Collignon (Pierre), imprimeur, 82, 95 et suivans. — Collignon (Jean), imprimeur, 114, 119 et suiv. — Sa veuve, 121 et suiv. — Collignon (Pierre), imprimeur, 121. — Sa veuve, 121 et suiv. — Collignon (Joseph), imprimeur, 138, 155. — Collignon (Jean-Baptiste), imprimeur, 146, 155 à 163. — Collignon (Christophe-Gabriel), imprimeur, 155, 203, 209 à 218, 231. — Collignon (Augustin-Nicolas-Jean-Louis), imprimeur, 231 à 235.

Consistoire central israélite, 224.

Coster (Joseph-François), de Nancy, 48.

Cours industriels, à Metz, 249.

Courtois, de Longuion (*La Muse ardennaise*), 183.

Coutié, botaniste-horticulteur, 171.

Coutume de Metz. Editions. 52, 72, 102, 104, 112, 117. — De Lorraine, 56, 102, 105. — De Vermandois, etc., 104, 105. — De Verdun, 129.

Culmann (P.-J.), capitaine d'artillerie, 252.

D.

D'Arras (Jean) et Basset (Odinet), imp., 44 et suiv.

Daubenton (Guillaume), jésuite, 98.
Daubenton (G.-A.), traducteur des institutes, 174.
Daulnoy (T.), 193.
Denis le chartreux, dit de Rickel ou de Lieuwis, 11.
Derbus (Jean), imprimeur à Metz, 44.
Desfeuilles, imprimeur, 221.
Devilly fils (Louis), 198, 201, 234.
Didion (Isidore), officier, 238.
Didot aîné (François-Ambroise), 167.
Didot (Pierre et Firmin), 267.
Dilange (Nicolas), conseiller au parlement, 117.
Diphtongues (Usage des), 5.
Directoire du département en 1790, ses membres, 183.
Dolet (Etienne), imprimeur, 29.
Dosquet (Charles), imprimeur, 57, 188, 197, 199, 200, 202, 221, 241 à 247.
Drach (David), rabbin, 226.
Droit romain (Corps du), traduit en français, 172, 179.
Ducs de Lorraine : Antoine, 38, 270. — François, 38. — Charles III, 46, 268, 272, 276. — Réné II, 262.
Dupré de Geneste (Henri-Marie), secrétaire perpétuel de l'académie, 2, 121, 131, 156, 160.
Dupuy (Robert), lithographe à Metz, 257.
Durival aîné, écrivain lorrain, 262.
Duteil (Le chevalier Jean), 157.

E.

Eaux minérales de Chaudebourg, 137.
Emmery (Jean-Louis-Claude), avocat, mort pair de France, 2, 20, 33, 169, 184 et suiv.
Empereurs. Charlequint, 7, 41, 95.
Enen (Jean), suffragant à Trèves, 26, 261.

Ensheim, habile hébraïsant, 145.

Ephémérides mosellanes, 202.

Epinal (Commencement de la typographie à), 276.

Etival (Imprimerie à), 273.

Evêques de Metz : Jean, cardinal de Lorraine, 43. — Nicolas de Lorraine, 43. — Charles, cardinal de Lorraine, 67. — Henri de Bourbon, marquis de Verneuil, 75, 87, 89. — Aubusson de la Feuillade (Georges d'), 99, 107. — Du Cambout de Coislin (Henri-Charles), 108, 118. — Saint-Simon (Claude de), 108, 123, 126. — Montmorency-Laval (Le cardinal de), 156. — Bien-Aymé (Pierre-François), 210. — Jauffret (Gaspard-Jean-André-Joseph), 109, 211.

F.

Fabert (Dominique), imprimeur à Nancy, 46.

Fabert père (Abraham), imprimeur à Metz, 49 et suiv., 102, 255.

Fabert fils (Abraham), maréchal de France, 52, 71 et suiv., 127.

Familles patriciennes de Metz, 127.

Famuel, mathématicien, 103.

Faune du département de la Moselle, 239.

Félice (Frédéric-Charles de), pasteur réformé, 228.

Félix (Claude), imprimeur à Metz, 80 et suiv., 86.

Ferry (Paul), célèbre ministre, né et mort à Metz, 19, 21, 60, 92, 93, etc.

Fieffé-Lacroix, traducteur, 174, 175.

Foës (Anutius), helléniste et médecin, 71.

Foires de France en 1539, 32.

Fondeur, imprimeur à Thionville, 206.

Fournier (Henri), auteur d'un traité de la typographie, 12.

Frémin de Morus (J.-Christ.), 118.

G.

Gabriel (Claude-Louis), célèbre avocat, né et mort à Metz, 136, 186.

Gardeur-Lebrun fils, ingénieur, 166.

Gerson Lévy, savant hébraïsant, 144, 230.

Gervais (Méthode de mademoiselle), 162.

Gobineau, Sr de Montluisant (Esprit), 83 et suiv.

Gorcy (Pierre-Christophe), 216.

Gourcy (Paul de), 191.

Gourmond (Gilles), imprimeur de Paris, 154.

Gouverneurs de Metz : Vieilleville (Le maréchal de), 44. — D'Espernon (Duc), 51. — Schomberg (Maréchal de), 94.

Graveurs : Leclerc (Sébastien), 57, 96, 98, 101 et suiv. — Oudet (François), 27. — Vallée (Alexandre), 52, 55. — Ladame, 57. — Bry (Théodore de), 64. — Mangin (F.-L.), 122. — Lattré, 139. — Chalmandrier (Nicolas), 166. — Legrand (Louis), 166. — Michaud, 195, 198, 246. — Woëriot (Pierre), 255. — Dembour père et fils, 199. — Tavernier père, 166.

Gressier (Maximilien), officier, 238.

Gryphe, imprimeurs, 18.

Guelle, notaire à Metz, 2, 93.

Guépratte (F.-J.), 247.

H.

Hadamard (Olry-Ephraïm), imprimeur, 222.

Halévy (Elie), hébraïsant, 227.

Hane (Mathias), libraire à Trèves, 26.

Hanin-Demerson (Louis), médecin, 217.

Heller (Jean-Martin), imprimeur à Etival, 273.

Hénault (Le président), 3.
Heures à l'usage de Metz, édition de 1498, 19 et suiv., 109. — à la Cavalière, 102. — dédiées à la Dauphine, 103. — à l'usage de Toul, 263. — à l'usage de Verdun, 274.
Hillar (Maur), moine de Trêves, 132.
Histoire de Metz, 6 vol. in-4°, 1, 163, 169.—Prospectus de cette histoire, 131.
Hoche (Le général), 208.
Hochfeder (Gaspard), imprimeur à Metz, 25 et suiv., 261.
Holandre, de Fresne, 170.
Holandre, conservateur de la bibliothèque, 7, 239.
Hontheim (Jean-Nicolas de), historien de Trêves, 132.
Houion (Pierre), imprimeur à Epinal, 276.
Huchement, loi messine, 30.
Hulot, traducteur du digeste, 172 et suiv.
Hygromètre de dom Casbois, 162.

I.

Imitation de J.-C., édition messine, 7 et suiv.; édition de 1708, 121.
Imprimerie (Commencement de l'), 3.—A Metz, 5 et suiv.
Imprimerie hébraïque fondée, 143.—Autorisée, 149, 222.
Intendans de Metz : Choisy (Jean-Paul de), 97.—Charuel (Jacques), 107. — Creil (Jean-François de), 125. — Calonne (Charles-Alexandre de), 166. — Pont (Jean de), 167.
Inventeurs de l'imprimerie, 3, 161.
Isaïc-Berr-Bing, littérateur, 145, 225.

J.

Jacobi (Pierre), imprimeur, 11, 263, 264.
Jacques (Maître), imprimeur, essorillé en 1525, 29.

Jaubert (Louis de), bibliothécaire, 128, 201, 213.
Jauffret, chanoine, 231.
Jaunez aîné (Jean-Pierre), 218.
Joly (Pierre), *Petrus Lepidus*, 60.
Joly de Maizeroy (Paul-Gedéon), 60, 133.
Josset, chanoine, 123.
Journaux publiés à Metz : Affiches des Trois-Evêchés, 130. — Journal en caractères hébraïques, 152. — Abeille de la Moselle, 175, 207, 248. — Journal de la Moselle, 46, 48, 201, 207. — Journal d'accouchemens, 192. — Journal de peinture, 201. — Jurisprudence de la cour royale de Metz, 248. — Feuille d'annonces, à Thionville, 206.

L.

L'allouette (François de), président, 45.
Lambert (Lyon-Mayer), instituteur, 227.
Lambinet (Pierre), bibliographe, 12.
Lamort (Claude-Sigisbert), 165. — Lamort (Claude), imprimeur, 2, 164 à 175, 222. — Lamort (Sigisbert), imprimeur, 199, 248 et suiv.
La Serna de Santander, bibliographe, 5.
Lavalette (La duchesse de), 75.
Leduchat (Jacques), 88.
Leduchat (Jacob), 160.
Lemoine, archiviste, 133.
Lepayen (Charles-Bruno), 134, 136.
Lepayen, secrétaire perpétuel de l'académie de Metz, 160.
Lespin (Louis-Boubée de), 199.
Lithographie établie à Metz, 257.
Lois romaines (Traduction de la collection des), 172 et suiv.

Lorraine (Commencement de la typographie en), 262.
Lorry-devant-le-Pont (Jardins de), 171.
Lud (Gautier), imprimeur à Saint-Dié, 277.

M.

Magdelene (Jean), imprimeur ou libraire à Metz, avant 1500, 19 et suiv.

Maires de Metz : Turmel (M. de), 57. — Marchant (Nicolas-Damas), 46, 50, 222, 241 et suiv., 275.

Maîtres-échevins de Metz : Lançon (Nicolas-François), 19, 32, 117, 125, 128, 261. — Heu (Gaspard de), 34. — D'Ingenheim (Jean) 44. — Fabert (Abraham), 50. — Fabert (François), 71. — Villers (Jean de), 81. — Marieulles (Claude-Joseph-Mamiel de), 125. — D'Auburtin de Bionville, 108.

Malesherbes (M. de), 146.

Mangin, médecin, 135.

Marchal (Pierre), libraire, 166.

Marchand ou Mercator (Martin), imprimeur, 268, 275.

Marchand (Etienne), 268.

Marie Leczinska, reine de France, 120.

Maud'huy (Pierre-Thérèse), 247.

May (Moyse), imprimeur hébraïque, 143 et suiv.

Médaille frappée pour l'échevinat d'Abraham Fabert, 51. — Médaille de Pierre Joly, 60.

Messager boîteux de la Moselle, 240.

Métrique (Système), 193.

Meurisse (Martin), évêque de Madaure, suffragant de Metz, 19, 88, 126.

Miller (Philippe), auteur du dictionnaire des jardiniers, 170.

Missel de Metz, 67. — de Verdun, 274.

Mollevaut aîné (Gabriel-Etienne), 190.
Morlanne (Pierre-Etienne), 191 et suiv.
Moulins-lès-Metz, seigneurie de la famille des Fabert, 48, 49, 76.
Muguet (François), imprimeur à Paris, 114.
Munier (F.), grammairien, 220.
Muse ardennaise, 183.
Muzac (Nicolas), président, 134.

N.

Nancéide, de Pierre de Blaru, 256.
Nancy (D.-F.-P.-Claude), chef de bataillon d'artillerie, 234.
Nancy (Commencement de la typographie à), 269.
Navigation de la Moselle, 166.
Nicolaï de Tanars (Hugues), chanoine de Metz, 42 et suiv.
Nougaret (Pierre-Jean-Baptiste), 218.
Numismatique (Ecrits sur la), 241 et suiv.

O.

Oulif (Charles-Narcisse), avocat de Metz, 225, 248.

P.

Palier ou Pallier, libraires à Metz, 32, 253.
Palier Junior (Jean), imprimeur, 42 et suiv.
Parant (Joseph), médecin, 137.
Parant (Narcisse), avocat, 248.
Pariset (Joseph), imprimeur à Senones, 273.
Pattée, secrétaire à l'intendance, 140.
Pellegrin (Jean), dit le voyageur, 264.

Pelluti (Jean), libraire à Metz, 31, 37, 41.
Peluti Junior, libraire, 41.
Pentateuque, édition, 149, 154.
Percy (Pierre-François), 214.
Pierret (Jean-François), 219.
Pierron, imprimeur, 219, 221.
Pilladius (Laurent), auteur du poème de la guerre des Rustauds, 39.
Plantin (Christophe), imprimeur à Anvers, 114.
Poncelet, professeur, 251.
Pont-à-Mousson (Commencement de la typographie à), 268.
Population juive, 143.
Préfets de la Moselle : M. Colchen, 161, 168, 171, 176, 181. — M. Viennot de Vaublanc, 153, 222. — M. de Tocqueville, 181, 200.
Procès relatif à une édition de l'Histoire naturelle de Buffon, 177 et suiv.
Pronostication nouvelle, calendrier pour 1511, 25.
Psaume (Nicolas), évêque de Verdun, 274.

R.

Raigecourt (Famille de), 36, 128.
Ravelly (Jean), médecin, 119.
Remberviller (Alphonse), 80.
Ringman (Mathieu), 277.
Rituel de Metz, 110. — de Verdun, 274.
Rive (L'abbé), bibliographe, 160.
Rœderer (Pierre-Louis), 186.
Rois de France : Charles VII, 3. — Charles IX, 97. — Henri IV, 45, 52, 60. — Louis XV, à Metz, 122. —

Louis XVI, 149. — Louis XVIII, 145. — Charles X, à Metz, 181.

Rolland (Marion), médecin, 81.

Rot (Adam), du diocèse de Metz, imprimeur à Rome, 5, 13 et suiv.

Rustauds (Poème de la guerre des), 39.

S.

Sabatier, de Castres (L'abbé), 217.

Saint-Aubin (Jean de), médecin, 69.

Saint-Dié (Commencement de la typographie à), 277.

Saint-Nicolas-de-Port (Commencement de la typographie à), 263.

Salignac (B. de), 96.

Sanson et Compagnie, imprimeurs à Deux-Ponts, 176.

Savine (Jean), imprimeur à Clairlieu, 276.

Schœffer de Gernsheym (Pierre), 3, 16.

Senones (Imprimerie à), 273.

Serrullas (G.-S.), 197.

Silvestre (Le baron de), 214.

Sobolle (Les frères), 53, 54.

Société d'agriculture de la Moselle, 180. — Société, aujourd'hui Académie royale des lettres, sciences et arts et d'agriculture de Metz, 181, 198. — Société des sciences médicales de la Moselle, 233. — Société d'encouragement des arts et métiers parmi les israélites de Metz, 225.

Soleirol (J.-F.), 176.

Souveraineté des évêques à Metz, démentie, 126, 127.

Spire (Goudchaux), imprimeur hébraïque, 143, 149.

Spire (Abraham), imprimeur hébraïque, 151.

Statistique du département de la Moselle, in-f°, 161, 170.

Statuts synodaux de Metz, 109.
Stemer (Nicolas-François-Xavier), secrétaire à l'intendance, 139.
Stéréotypie, 267.
Sully, 51, 54.
Sweynheim et Pannartz, imprimeurs à Rome, 13, 14.
Syndics des juifs, 145, 149.

T.

Tallineau (Laurent), imprimeur à Metz, 30 et suiv., 254.
Talmud, édition complète, 147.
Tavernier (Robert), lithographe à Metz, 257.
Thiébaut, curé de Sainte-Croix, 141.
Thionville. Imprimerie, 206. — (Histoire de), 239.
Tissot (Pascal-Alexandre), traducteur du Code, 174.
Toul (Commencement de la typographie à), 264.
Toussaint, lithographe à Metz, 258.
Trenck (Frédéric, baron de), 168.
Trèves (Commencement de la typographie à), 259.
Tschudy (Jean-Baptiste-Louis-Théodore, baron de), 135, 171.
Tschudy (Jean-Joseph-Charles-Richard), 176.

V.

Vaccine, 191.
Verdun (Commencement de la typographie à), 273 et suiv. — (Journal historique de), 275.
Verronnais père (Louis), imprimeur, 175, 203 à 209.
Verronnais fils (François), 206, 208, 209, 221, 235.
Vigneulle (Chronique de Philippe de), 89.
Vignon, avocat, 134.

Ville-Neuve [*de Nová-Civitate*] (Gérard de), carme, imprimeur à Metz, 7 et suiv.

Villers (Charles-François-Dominique), 210, 212.

Virion (Didier), imprimeur, 262.

Viville (Claude-Philippe), 195.

Vostre (Simon), libraire à Paris, 23, 274.

W.

Weiss (Charles), bibliographe, 59, 61, 140, 263.

Wendel, député, 245.

Wittersheim (Prosper), littérateur, 225.

Wittersheim (Samuel), grand-rabbin, 228.

Woisard (J.-L.), professeur, 250.

Worms (Aaron), auteur du Flambeau de la Foi, 152, 228.

Wyttembach (Joseph-Hugues), bibliothécaire, 259.

Z.

Zay, hébraïsant, 224.

FIN DE LA TABLE.

www.ingramcontent.com/pod-product-compliance
Lightning Source LLC
Chambersburg PA
CBHW071252160426
43196CB00009B/1262